江苏省教育厅 2022 年高校哲学社会科学研究项目《基于高质量发展理念下的高校内部控制高质量研究》（2022SJQTZX0015）

高校管理审计应用研究

李 强 著

吉林大学出版社

·长春·

图书在版编目（CIP）数据

高校管理审计应用研究 / 李强著. — 长春 : 吉林
大学出版社，2023.1
ISBN 978-7-5768-1348-7

Ⅰ．①高… Ⅱ．①李… Ⅲ．①高等学校－内部审计－
研究－中国 Ⅳ．① G647.5

中国版本图书馆 CIP 数据核字（2022）第 245499 号

书　　名：高校管理审计应用研究
　　　　　GAOXIAO GUANLI SHENJI YINGYONG YANJIU

作　　者：李　强　著
策划编辑：邵宇彤
责任编辑：杨　平
责任校对：周　婷
装帧设计：优盛文化
出版发行：吉林大学出版社
社　　址：长春市人民大街 4059 号
邮政编码：130021
发行电话：0431-89580028/29/21
网　　址：http://www.jlup.com.cn
电子邮箱：jldxcbs@sina.com
印　　刷：三河市华晨印务有限公司
成品尺寸：170mm×240mm　　16 开
印　　张：13.25
字　　数：207 千字
版　　次：2023 年 1 月第 1 版
印　　次：2023 年 1 月第 1 次
书　　号：ISBN 978-7-5768-1348-7
定　　价：78.00 元

序

  审计在理论研究和实务运作上包括财务审计与管理审计两个部分，内部审计包括财务审计与管理审计两个部分，高校内部审计也包括财务审计与管理审计两个部分。管理审计是审计研究的更高层次，这方面的著作和论文很少。

  高校内部审计研究是一个薄弱领域，高校管理审计研究更是一个难度较大的领域。江苏工程职业技术学院李强同志新作《高校管理审计应用研究》中"高校风险管理审计""高校内部控制审计""高校经济责任审计""高校绩效审计""高校专项审计调查"等内容主要研究高校管理审计应用，没有一定的理论功底去联系高校实践是不可能完成研究的。李强同志刻苦学习，勤于思考，勇于探索，取得了可喜的成果。对于李强同志的努力和成果，应予以支持和肯定。

  李强的著作《高校管理审计应用研究》拟出版，请我为其作序。

  是为序。

乔春华

（乔春华系南京审计大学教授，享受国务院政府特殊津贴专家。曾任南京审计大学副校长，江苏省教育会计学会会长）

前　言

高等教育是我国教育体系的重要环节，肩负着为社会输送高素质复合型人才的重任。除此以外，高等院校中聚集着国家顶尖的科研人才，他们在完成教学任务的同时，也承担着为国家的科学技术探索新的边界的职责。这些造福社会的活动都需要资金的支持。高校内部审计工作是高校推进教育事业发展的有机组成部分。随着国家反腐倡廉的持续深化，高等教育经费规模持续增长，高校内部审计工作逐渐受到各个层级的重视，对高校内部审计工作提出了新的要求和目标，由关注审计监督实现管理活动、经济活动合规性提升到重视审计绩效层面，因此，高校内部审计工作任重而道远。

就我国高校的内部审计现状而言，可增强之处尚存。例如，对于内部审计工作来说，大部分高校内审部门把工作重心放在了事后监督（合规性）上，工作内容主要是依据相关政策制度文件进行事后监督，而在对事前、事中的监督和事后的评价考核等方面尚有欠缺。同时高校内审工作更多关注管理活动、经济业务活动的合规性，对内审工作的绩效关注亦有欠缺。2018年9月，中共中央和国务院印发《关于全面实施预算绩效管理的意见》，对财政预算绩效管理作出部署，要求高校完善管理体系，健全管理制度、硬化管理约束。在3到5年内，根据管理体系全方位、全过程、全覆盖的要求，财政预算绩效评价必须实现全覆盖。开展财政预算绩效管理成为高校财务管理工作的必然要求。由此可见，国家层面对财政资金管理要求已由关注预算经费使用进度向预算经费绩效管理转变。目前，高校预算绩效管理业务开展、绩效管理制度和评价指标建设情况都在积极开展当中，从而满足预算绩效全方位、全过程、全覆盖管理的需要。高校财务管理工作从经济性、效率性和效果性三个方面出发，做好对高等教育经费支出的评价和分析，并以此提出优化资源配置和提升管理效率建设建议，从而促进学校完善治理、实现目标。

新时代，高校内部审计工作肩负新的使命。党的十八届三中全会上，习近平总书记提出推进国家治理体系和治理能力现代化是全面深化改革的总目标。《国家中长期教育改革和发展规划纲要（2010—2020年）》中指出要"完善中国特色现代大学制度，完善治理结构"，大学治理要与国家治理的发展方向保持一致，以推进大学治理体系和治理能力现代化建设为目标。大学治理，主体是大学的行政机构，以校长为核心的行政力量在治理中发挥主导作用。高校内审部门作为高校的二级职能部门，笔者认为，新形势下其要在高校治理体系、治理能力现代化进程中发挥应有作用，首先要自我改革和发展，即高校内部审计工作首先要实现内部审计治理现代化。高校内部审计治理现代化如何实现，高校内部审计工作应从哪些方面着手开展？

基于以上需求，本书研究内容紧紧围绕实现高校内部审计治理现代化，助力高校治理体系、治理能力现代化建设的目标展开。本书以高校内部审计中的绩效审计和内部控制审计为重点研究内容，以内部审计为宏观主题，深入探究高校内部审计的前沿理论。

本书的研究内容主要包括两个部分。第一部分对应本书的第一章，在系统阐述高校内部审计发展历程的基础上，对于高校内部审计理论的发展前景和发展方式进行了探索性的研究。第二部分对应本书的后五章，这一部分采用模块化的结构模式，将高校管理审计工作分为风险管理审计、内部控制审计、经济责任审计、绩效审计、专项审计调查等五个主要模块，分别对其模块内的工作内容和原则方式进行深入研究，探究管理审计工作的发展空间和进步方式。

一方面，党的十八大以来，高等教育发展迅猛，高等教育经费持续增长，同时，随着国家反腐倡廉的持续深化，高校内部审计逐渐得到国家各个层级的重视，各方对其提出了新的更高的要求和目标，故高校内部审计工作任务重、压力大。另一方面，政治巡视、国家审计、外部检查、校内巡察、专项检查等对内部审计工作形成倒逼之势，促使高校内审工作进行改革和发展。本书力求结合当下的情况，做出针对现状的研究；同时，本书也力求做到研究内容广泛而翔实，故而查阅了大量的资料，希望能将理论研究做到全面。

希望本书的研究，能够为我国高校内部审计理论的总体进步提供理论支持，为实现我国高校内部审计治理现代化，助力高校治理体系、治理能力现代化建设乃至我国的教育事业发展作出贡献。

作 者

2020 年 9 月

目 录

第一章 概述 1

    第一节 高校内部审计发展历程 2

    第二节 高校内部审计意义和作用 8

    第三节 高校内部审计新要求 10

    第四节 新形势下高校内部审计转型方向 12

    第五节 高校内部审计转型途径 20

第二章 高校风险管理审计 50

    第一节 风险管理与风险管理审计 50

    第二节 内部审计在风险管理中的作用 59

    第三节 高校风险管理审计案例分析 61

    第四节 加强高校风险管理审计对策 69

第三章 高校内部控制审计 72

    第一节 高校内部控制和内部审计 72

    第二节 高校内部控制审计 79

    第三节 高校内部控制审计面临的机遇和挑战 92

    第四节 加强高校内部控制审计的建议 97

第四章 高校经济责任审计 104

    第一节 高校经济责任审计概述 104

    第二节 高校经济责任审计风险 118

    第三节 高校经济责任审计流程 122

    第四节 加强高校经济责任审计对策 130

第五章　高校绩效审计　　134

　　第一节　高校绩效审计的起源与发展　　134

　　第二节　高校绩效审计的含义及内容　　140

　　第三节　高校绩效审计的特点、作用及应用　　151

　　第四节　构建高校绩效审计评价指标系统　　157

第六章　高校专项审计调查　　169

　　第一节　高校专项审计调查含义及作用　　169

　　第二节　高校专项审计调查内容及特点　　175

　　第三节　高校专项审计调查案例分析　　181

　　第四节　加强高校专项审计调查的建议　　187

后　记　　192

参考文献　　194

第一章　概述

党的十八届三中全会上，习近平总书记提出推进国家治理体系和治理能力现代化是全面深化改革的总目标。《国家中长期教育改革和发展规划纲要（2010—2020年）》中指出要"完善中国特色现代大学制度，完善治理结构"。大学治理要与国家治理的发展方向保持一致，以推进大学治理体系和治理能力现代化建设为目标。大学治理，主体是大学的行政机构，以校长为核心的行政力量在治理中发挥主导作用。高校内部审计部门作为高校的二级职能部门，亦是高校治理的主体，有着重要的作用。随着国家反腐倡廉的不断深化，高校内部审计工作逐渐受到各个层级的重视，对高校内部审计工作提出了新的要求和目标。新时代，高校内部审计工作肩负新的使命。在这样的形势下，高校内部审计该如何发展呢？

高校内部审计不仅可以助力高校治理体系、治理能力现代化建设，同时可以助推高校教育事业高质量发展。在新形势下，高校内部审计部门应当在高校治理体系、治理能力现代化建设进程中发挥应有的作用，以实现自我改革和发展（即实现内部审计治理现代化）为前提，这样才能助推高校治理能力的提升。

基于以上需求，高校内部审计应以实现自身治理现代化，助力高校治理体系、治理能力现代化建设的目标展开。

本章主要对高校内部审计工作的发展进行回顾，以内部审计为宏观主题，深入探究高校内部审计工作的前沿理论。同时，在对高校内部审计工作的作用和意义、现状和问题进行深入分析的基础上，提出新形势下高校内部审计的转型方向。

第一节　高校内部审计发展历程

我国高校的内部审计工作是随着国家审计制度发展的，其目标是推动高校事业目标的发展，主要负责对学校与资源利用有关的业务活动及其内部控制进行适当性、合法性以及有效性的审查，同时对这些活动进行确认、评价以及咨询，进而促进高校管理控制、创造效益、防范风险的完善。

高校内部审计，顾名思义，是指高校内部审计机构和人员对高校内部的管理部门和人员进行审计，某种程度上属于"自查自纠"，可以有效发现内部的管理问题。

我国高校内部审计从"摸着石头过河"到现在的日渐成熟，以改革开放时间点作为分水岭，我国高校内部审计发展经历了以下阶段，如图1-1所示。

图1-1　高校内部审计的发展阶段

一、内部审计的产生和发展

从19世纪中叶开始，随着资本主义经济的发展，企业的规模和业务不断扩大，这就增加了管理者对企业内部熟悉程度的难度，如果仅是依靠会计师事务所一年一度的审计，并不能满足企业内部管理的需要。同时，昂贵的审计费用意味着企业无法经常或定期实施审计，因此，内部审计机构应运而生。

内部审计真正走入人们的视野，是在1941年。这一年，维克多·Z.布瑞克出版了第一部内部审计理论专著，从方法和理论方面建立了内部审计理论。不仅如此，在这一年美国北美公司内部审计主任约翰·瑟斯顿等成立"内部审计师协会"（后称为国际内部审计计师协会，Iustitute of Intenet Auditors，简称 IIA），第一次将内部审计职业引入社会职业领域。因此，1941 年又被称为内部审计的奠基年。随后，IIA 开始制定相关规定，第一次对内部审计及相关职责进行定义和修订，然后不断进行修正和完善，内部审计走上了快速发展的道路。至此，内部审计开始获得众多企业和机构的青睐，形成基本的框架内容。

内部审计机构不仅可以有效对企业下属机构进行审查和验证，还可以开展经营审计、专项审计等活动，是加强企业管理的有效手段。

二、内部审计在我国高校的发展

对高校而言，内部审计同样具有重要的作用，其可以有效提升高校管理效率、高校各类活动。

在改革开放之前，我国高校的规模较小、教育经费有效，缺乏对内部审计的明确认知，因此尚未设立内部审计机构或部门，其发展十分受限。

三、改革开放之后我国高校审计的发展

自改革开放以来，随着高等教育的普及，高校无论是在质量还是数量上均有着质的突破。

目前，高校内部审计走上快车道，虽然起步较晚，但发展势头良好，并取得一系列令人瞩目的成果。

（一）改革开放阶段采取的措施

随着改革开放的发展，我国各行各业均得到了较快的发展。在高校内部审计方面，我国采取一系列措施，以帮助高校管理水平得到快速提高、资金使用效率得到提升，其主要措施如图 1-2 所示。

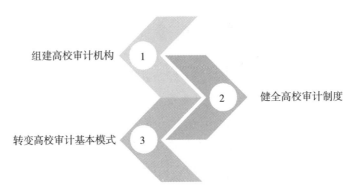

图 1-2 改革开放阶段采取的高校内部审计措施

（1）组建高校审计机构

1985 年，教育部成立审计室，并发出《组建审计机构、开展审计工作的通知》，随后各大高校纷纷成立高校审计处（室）。其中，某些高校成立审计机构的时间比教育部成立审计室的时间还要早，如华中农业大学和西安建筑科技大学均是于 1984 年成立审计机构。

随着高校审计工作逐渐得到重视与发展，1986 年年底，中央委属的36 所高校和部分企业单位不仅建立了审计处（室），同时拥有了一支近200 人的审计队伍，为我国高校审计发展提供了审计机构，培养了审计人才，并在随后的四年时间里提高了高校审计能力和管理水平。

《1989 年教育审计年鉴》指出，"四年来，国家教委和委属院校的审计部门……重点抓了高等学校的财务决算审计工作，使财务决算的质量有所提高；建立了委属高等学校定期审计制度，使审计工作向经常化、制度化、规范化的方向发展……积极开展和探索经济效益审计、经济承包审计以及专项审计等工作，提高了资金的使用效益"。

总之，随着各个高校成立审计机构、积极开展审计监督工作，高校内部的财务违纪问题有所减少，财务管理水平有所提高，奠定了我国高校审计发展的重要基础。

（2）健全高校审计制度

随着高校审计建设工作的开展，教育部（国家教委）陆续颁布了几项重要的内部审计工作规定，见表 1-1。

表1-1 改革开放阶段有关高校审计的工作规定

发布机构	发布时间	规定名称
国家教育委员会	1985 年 12 月 31 日	《关于直属高等学校内部审计工作的暂行规定》
国家教育委员会	1987 年 12 月 28 日	《关于直属高等学校实行定期审计的暂行规定》（教审字 005 号）
国家教育委员会	1990 年 5 月 3 日	《教育系统内部审计工作规定》（国家教委第 9 号令）
审计署	1990 年 3 月 17 日	《关于加强教育经费审计工作意见的通知》
审计署	1995 年 2 月 10 日	《高校财务收支审计方案的通知》（审办发行〔1995〕29 号）
国家教育委员会	1995 年 7 月 17 日	《关于加强对教育经费审计监督的意见》（教审厅〔1995〕6 号）
国家教育委员会	1996 年 4 月 5 日	《教育系统内部审计工作规定》（国家教委第 24 号令），并同时废止《教育系统内部审计工作规定》（国家教委第 9 号令）
国家教育委员会	1997 年 12 月 31 日	《高等学校财务收支审计实施办法》（教审〔1997〕2 号）
教育部	2004 年 4 月 13 日	《教育系统内部审计工作规定（教育部第 17 号令）》，同时废止《教育系统内部审计工作规定》（国家教委第 24 号令）
教育部财务司	2007 年 9 月 5 日	《关于对贯彻落实＜教育系统内部审计工作规定＞情况进行专项调查的通知》（教财司函〔2007〕212 号）
中国内部审计协会	2009 年 7 月 7 日	《内部审计实务指南第 4 号——高校内部审计》（中内协发〔2009〕19 号）
中国注册会计师协会	2014 年 12 月 9 日	《高等学校财务报表审计指引》（会协〔2014〕71 号）
教育部	2017 年 12 月 29 日	《教育部关于推进直属高等学校内部审计信息化建设的意见》（教财〔2017〕10 号）
教育部	2020 年 3 月 20 日	《教育系统内部审计工作规定》（国家教委第 47 号令），同时废止《教育系统内部审计工作规定》（教育部第 17 号令）

　　上表中的这些文件明确规定了内部审计工作的宗旨、定义、内部审计的领导体制、机构设置和审计人员的配备、审计机构的职责和权限、内部审计工作程序等，并依法对审计内容进行规定。

　　简而言之，这些高校内部审计的相关管理规定，为高校依法审计提供着重要的指导，开创着依法审计的新局面。

　　（3）转变高校审计基本模式

　　高校内部审计包括两部分，即财务审计和管理审计，前者包括财务收支审计、基建工程审计、预决算审计、专项资金审计等，后者包括高校治理审计、内部控制审计、经济责任审计、绩效审计、专项审计等。

在改革开放阶段，除了对高校财务审计制度有所完善之外，逐渐开始重视高校的管理审计，并不断探索和完善。其发展如下：1987年，提出内部控制制度审计；1989年提出经济效益审计和专题审计调查；1990年提出经济责任审计和财经法纪的执行审计；1999年第一次提出管理审计；2008-2010年，明确强调向财务审计（以真实性和合规性为导向）和管理审计（以内部控制和风险管理为导向）并重转变；2015年首次提出内部审计是规范权力运行的重要手段等[①]。

通过上述高校审计的发展，不难看出，高校内部审计逐渐受到国家和高校层面的重视，相关制度机制正在不断优化和完善，高校内部审计将是未来高校审计的重要发展方向。

（二）改革开放阶段高校内部审计取得的成就

（1）探索出中国特色社会主义高校审计的基本框架

首先，以中国特色社会主义思想作为审计的指导思想。2018年，习近平总书记在中央审计委员会第一次会议中指出，"审计机关要坚持以新时代中国特色社会主义思想为指导，全面贯彻党的十九大精神，坚持稳中求进工作总基调……依法全面履行审计监督职责，促进经济高质量发展，促进全面深化改革，促进权力规范运行，促进反腐倡廉"[②]。

其次，构建全面覆盖、权威高效的监督体系。党的十九大报告指出，"改革审计管理体制，构建党统一指挥、全面覆盖、权威高效的监督体系"[③]，且中共中央提出组建中央审计委员会，作为党中央决策议事协调机构。

① 乔春华.改革开放以来高校审计的辉煌成就与启示[J].会计之友，2018，（18）：106-112.

② 中央审计委员会首次会议，习近平提了哪些要求？[EB/OL].（2018-05-24）[2023-01-16]. https://baijiahao.baidu.com/s?id=1601308901958892638&wfr=spider&for=pc.

③ 浅析新时代审计公文规范化处理工作思考[EB/OL].（2018-04-20）[2023-01-16]. https://www.audit.gov.cn/n6/n1558/c121740/content.html.

再次，形成审计、纪律检查与监察部门协调配合监督的审计特色。在审计的发展过程中，我国十分重视制定相关制度保证责任追究的落实，形成审计、纪律检查、监察部门合力监督的局面。例如，《教育部关于加强直属高等学校内部审计工作的意见》中指出，"根据审计发现问题，内部审计部门要依法依规认定责任，提出责任追究建议，纪检监察部门要根据审计结果和案件查处情况，依法依规追究相关责任人责任"[①]。

最后，高校审计坚持"围绕中心、服务大局"的方针，在财务收支审计、专项资金审计、内部控制审计、绩效审计等方面建立相关运行机制，发挥审计在高校治理中的基石和保障作用，取得了骄人成绩。

总之，改革开放以来，我国高校审计工作在党委的领导下，取得了初步的成效，构建了校长亲自主管、覆盖全面、权威高效的内部审计监督体系。

（2）内部审计定位在高校治理层面

内部审计是高校治理的基石之一，审计署署长刘家义曾经指出，"内部审计应在组织机构的治理中担任越来越重要的角色"[②]。

通过内部审计工作，可以建构高校内部治理结构和权力约束机制，更好地治理高校。

2015年，《教育部关于加强直属高等学校内部审计工作的意见》（教财〔2015〕2号）指出："内部审计是规范权力运行的重要手段，是强化过程监管的重要方式，是提高资源绩效的重要保障。加强内部审计工作，是完善学校内部治理结构和健全权力约束机制的重要措施，对促进高校科学发展具有重要意义。"

随着高校内部审计的发展，目前众多高校逐渐认识到内部审计工作的重要性，并将其作为高校治理的手段和方式之一，此举提高了内部审计的地位。

总之，改革开放以来，我国高校内部审计获得了极大程度的发展，从无到有、从探索到逐渐成熟，高校内部审计已经初具规模。

---

① 教育部关于加强直属高等学校内部审计工作的意见[EB/OL].（2015-03-20）[2023-01-28]. http://www.gov.cn/xinwen/2015-03/20/content_2836848.htm.

② 郭旭.刘家义：内部审计应在组织机构的治理中担当重要角色[EB/OL].（2015-04-13）[2023-01-16]. http://caijing.chinadaily.com.cn/2015-04/13/content_20423429.htm.

第二节 高校内部审计意义和作用

高校审计在提高资金使用效益、促进依法治校、推进廉政建设、推动深化改革方面具有重要的作用和意义，是高校规范权力运行的重要手段和强化过程监管的重要方式，同时是提高高校资源绩效的重要保障，其主要体现在以下几个方面，如图1-3所示。

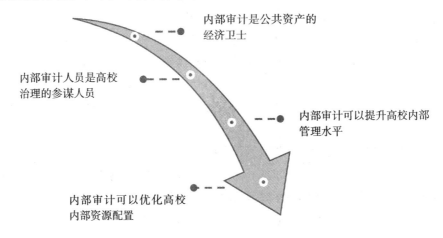

内部审计是公共资产的经济卫士

内部审计人员是高校治理的参谋人员

内部审计可以提升高校内部管理水平

内部审计可以优化高校内部资源配置

图1-3　高校内部审计的作用和意义

高校内部审计是风险管理三道防线之一，是防止舞弊的四条防线之一，是防范经营风险和财务风险的五道防线之一。

总之，内部审计是规范权力、强化监管的重要方式和手段，采用内部审计可以有效提高资源的使用效益，高校必须重视内部审计工作。

一、内部审计是公共资产的经济"卫士"

2012年，刘家义在全国审计工作会议中指出，"更好地发挥审计'免疫系统'功能，当好公共财政的'卫士'，为推动完善国家治理作出更大贡献"[①]。通过内部审计，可以有效发现组织内部存在的问题和隐患，对权力进行监督和规范，以更好地保护公共资产不受侵害。

自高校扩招以来，随着招生规模不断扩大，高校投入大量资金进行校园基础建设，由此高校承担了比以往任何时期更大的经济风险和财

---

① 滕延妮.发挥"免疫系统"功能 当好公共财政"卫士"为推动完善国家治理作出更大贡献——2012年全国审计工作会议顺利召开[J].中国审计，2012（2）：2.

政压力。同时高校管理制度设计不全面、执行不到位、监管缺失等问题，为某些腐败分子提供了可乘之机，在这样的情形下，很容易出现贪污犯罪或徇私舞弊的现象，高校的公共财产受到严重侵蚀。而内部审计作为监管的重要措施，可以及时对此进行监督，以保障高校公共资产的安全。

同时，内部审计可以保证高校决策或政策制度的顺利执行，因为内部审计本身就是为保护高校系统正常运行而设计的一种制度，通过内部审计，可有效保障其他政策制度的顺利落实。

因此，可以说，内部审计是公共资产的经济卫士，是整个高校系统顺利运行的基础，其不仅保障着高校公共资产不受侵害，还保障着高校整个系统的安全，确保政策的有效执行，是高校治理的重要基石。

二、内部审计是高校治理的重要手段

内部审计是一项重要的工作，其工作内容包括资金审计、内部控制审计、绩效审计等，可以为领导决策提供真实、可靠、全面的信息，为各个职能部门的发展提供具有参考价值的信息，是高校重要的信息来源和信息支撑。

正如劳伦斯·索耶所说："内部审计师是参谋人员，而不是业务人员，他们无权也没责任为业务（操作）人员规定目的、目标和标准。"[①] 由此可以推断出，在高校之中，内部审计同样具有上述作用，是高校进一步发展的参谋人员，为高校积极发展提供有效的建议和意见。

2008年，全国政协副主席李金华在"推进内部审计转型与发展"研讨会中，曾指出，"今后工作中，内部审计要着重关注三个方面的问题：一是注重从微观入手，从宏观和全局着眼来开展工作……二是注重发挥内部审计的建设性和前瞻性作用……三是注重调动各方面资源，不断提高内部审计人员的工作"[②]。

从以上论述中，不难看出内部审计逐渐开始向管理方向转变，可以为企业或高校的发展献言献策，提供前瞻性观点。

---

① 索耶.现代内部审计实务（上）[M].汤云为，译.北京：中国商业出版社，1900：95.
② "推进内部审计转型与发展"研讨会在京召开 [EB/OL].（2008-04-22）[2023-01-16]. https://ha.hainanu.edu.cn/shenji/info/1003/1036.htm.

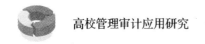

三、提升高校内部管理水平

内部审计可以监督高校的各种业务活动，是一项主要的监督和管理手段。

随着高校规模的扩大，很多高校有多个校区，这导致高校科研、教学、社会服务的工作量骤然增加，高校的管理活动的复杂度急剧增加，因此高校需要整合管理制度、管理机构等。

通过内部审计（主要是管理审计）工作，能够从宏观和微观上把握高校的各项管理工作，明确各个层次的管理责任，并将其落到实处，实现对高校内部的有效管理，发挥出内部审计的监督和管理功能。

总之，内部审计"双管齐下"，对提高高校内部管理水平、树立高校良好外在形象有着巨大的益处。

四、优化高校内部资源配置

从属性上分析，内部审计属于高校的监督和管理机制。在开展各类资金的审计活动时，内部审计能够充分发挥其监督作用，以保证高校资金安全，通过预算编制、监督和评价等，实现高校资源的优化配置，提高财政安全，使得高校资源得到充分利用，减少资源浪费。

不仅如此，随着高校融资渠道越来越广泛，资金数量越来越大，高校呈现出多元化的发展趋势，其管理难度有所提升。内部审计作为主要的现代经济管理手段，其审计领域由原来的经济活动不断拓展到管理活动，从而对高校各项事务实现全覆盖。通过内部审计可以保证高校的经济活动朝着既定目标发展，对发生的偏移及时提出审计意见和建议后跟踪其落地、落实，有效促进高校资源优化配置，实现高校健康发展。

第三节　高校内部审计新要求

高校内部审计是高校完善内部治理结构和健全权力约束机制的重要途径，具有无可替代的作用和意义。

尽管高校逐渐认识到内部审计的重要性，开始重视内部审计的建设情况。然而，高校在内部审计运行机制、制度建设、宣传理念等方面并不完善。

由此，随着高校内部审计的进一步成熟和发展，国家对高校内部审计的相关工作提出明确要求，为健全高校内部审计制度提供了指导和法律依据，其要求如下。

一、国家对高校内部审计的要求

随着国家内部审计制度的健全和完善，审计署和教育部颁布一系列政策和制度对内部审计提出新的具体要求。

针对高校内部审计工作提出规范性要求，包括高校内部审计机构和人员配置、高校内部审计应遵循的原则等。

1. 高校内部审计机构和人员配置

对规模较大的高校来说，应设置独立的内部审计机构。所谓规模较大高校，是指年收入 5 亿元以上或教职工人数在 3000 人以上的高校。[①]高校内部审计机构配备的审计人员数量应不低于教职工总数的 2%。随着高校内部审计范围的不断扩大，专职审计人员的数量会不断增加，此时高校可按照 2% 到 5% 的范围配置专职审计人员。

2020 年颁布的最新《教育系统内部审计工作规定》，其第十条指出，单位应当保证内部审计工作所需人员编制，严格内部审计人员录用标准，合理配备具有审计、财务、经济、法律、管理、工程、信息技术等专业知识的内部审计人员。其中，《教育系统内部审计工作规定》对内部审计的工作职责、评价考核制度等均作出一定指示和要求，体现了高校内部审计系统的日趋完善。

2. 高校内部审计应遵循的原则

《内部审计实务指南第 4 号》，不仅对高校内部审计的内容、程序以及方法等做出明确规定，还针对审计的不同类型提出具体的要求和原则等，其为高校内部审计提供指导和参考，极大程度增强了高校内部审计的规范性。

总之，国家对内部审计工作提出很多新的具体要求，包括明确内部审计的运用范围、审计机关指导和监督的职责范围与方式等。

---

① 陈伟光主编. 教育内部审计规范 [M]. 北京：人民教育出版社，2010：83.

二、高校对内部审计的要求

党的十九大报告中提出高等教育要走内涵式发展道路，需要高校建立科学的治理体系。高校内部审计属于高校治理体系的重要组成部分，具有监督和管理的双重功能，其在提升高校资金的使用效益、促进高校廉政建设、提高高校的管理水平上具有莫大的作用。因此，高校应以习近平新时代中国特色社会主义思想为指引，结合学校工作实际，对内部审计工作提出更高的要求。

首先，高校以新时代和新形势的发展要求为核心，应用新的理念指导制定内部审计的规划，如内部审计管理的范围、发展的目标等，并科学合理配置各类审计资源。

其次，高校应针对自身的实际情况，制定切实可行的内部审计管理规定，配备所需审计设备，通过专职、兼职组合配备，强化内部审计人员队伍建设，优化内审人员年龄结构、专业结构，采取多种形式加强内审人员业务学习交流，提升内部审计人员的业务能力，充分整合现有审计资源，使有限审计资源发挥最大效用。

总之，高校应在能力范围内，采取相关措施全方位、多角度提升内部审计的能力，实现高质量审计。

第四节　新形势下高校内部审计转型方向

随着全面深化改革的进行，新形势下，高校内部审计面临着诸多挑战和机遇。

2018 年 9 月，中共中央和国务院印发《关于全面实施预算绩效管理的意见》，对财政预算绩效管理作出部署，要求完善管理体系、健全管理制度、硬化管理约束。在 3 到 5 年内，根据管理体系全方位、全过程、全覆盖的要求，财政预算绩效评价必须实现全覆盖。开展财政预算绩效管理成为高校财务管理工作的必然要求。由此可见，国家层面对财政资金管理要求已由关注预算经费使用进度向重视预算经费绩效管理转变。

一、高校内部审计面临的新形势

随着高校规模的不断扩大，目前的内部审计机制体制还不能满足高校可持续发展的要求，需要进一步建立健全。同时，近年来国家陆续出台了一系列教育改革政策，有利于促进高等教育和高校管理体制的改革。可以说，在新时代，高校内部审计面临着前所未有的机遇和挑战，其转型发展成为必然趋势。

（一）高校内部审计面临的机遇

高校内部审计具有审查、监督和评价学校资源的功能，对高校内部具有管理审计的作用，承担着极为重要的责任，是高校内部管理系统不可或缺的组成部分。

1. 相关法律政策保障内部审计工作

党的十八届三中全会中提出，"全面深化教育领域综合改革"，而高校内部审计属于教育领域的组成部分之一，只有将高校内部审计工作做好，进一步改革高校内审的体制机制，规范内审管理，健全内部审计管理体系，才能充分发挥出内部审计的制约性和促进性功能，进而增强各级领导干部的法治意识和经济责任意识，增强其严格执行财经法纪的自觉性，最终实现高校发展的长治久安。

同时，为了促进高校内部审计工作的开展，国家颁布了很多相关的政策法规，为高校内部审计提供坚实的法律基础和保障。例如，2018 年 9 月，中共中央和国务院印发《关于全面实施预算绩效管理的意见》，对财政预算绩效管理作出部署，要求完善管理体系、健全管理制度、硬化管理约束。又如，2020 年 3 月 20 日，教育部颁布《教育系统内部审计工作规定》，对内部审计的工作范围、工作程序和要求等进行规定，要求高校完善内部审计体系，健全相关管理规定。

目前，高校预算绩效管理业务、绩效管理制度和评价指标建设都在积极开展当中，财务管理工作需从经济性、效率性和效果性三个方面，做好对高等教育经费支出的评价和分析，并以此提出优化资源配置和提升管理效率建设的建议，从而促进学校完善治理、实现目标。

综上，可以看到高校内部审计建设如火如荼，尤其受到了国家和政府的大力支持，这为高校内部审计转型发展提供着巨大的机遇。

2.科学技术提升高校内部审计效率

随着科学技术的不断发展，互联网技术、云计算技术、大数据技术等日趋成熟，智能化、自动化办公成为发展趋势。

高校应积极顺应时代潮流，启用信息化办公模式，采用现代审计设备和软件，对接内部审计部门和其他部门的网络平台，以实现内部信息的共享和流通，提升内部审计部门的工作效率。

（二）高校内部审计面临的挑战

尽管高校审计具备诸多优势，面临着转型发展的重要机遇，但在高校内部，审计工作仍然面临着很多挑战，这些挑战制约着高校内部审计的进一步发展，如图 1-4 所示。

图 1-4　高校内部审计面临的挑战

1.独立性挑战

首先，相较于高校外部审计而言，高校内部审计的独立性是相对的，却并不是绝对的。这是因为高校内部审计部门属于高校的有机组成部分，其审计业务难免会受到高校内部各种组织力量的影响，这对审计工作的独立性具有一定的约束和干扰。

其次，在高校之中，个人利益、部门利益、学校利益交织在一起，内部审计人员无法脱离学校单独存在，而和高校有着千丝万缕的联系。同时，内部审计人员和被审计人员往往会处于"同一屋檐下"，抱着"低头不见抬头见"的心理，内部审计人员可能并不会深入挖掘审计问题。不仅如此，由于高校大部分教职工无法正确认识审计工作的重要性，对其认知有所偏颇，而为维护良好的人际关系或应对年底的考核评优，内部审计人员有可能会因自身、部门利益而忽视审计工作的公正性。

最后，随着内部审计范围的不断扩大，内部审计的职能有所延伸和拓展，开始向管理层面发展，这意味着内部审计人员开始从宏观层面参与高校的管理工作，从治理和管理的角度对业务活动提出改进意见。然而，内部审计人员在对业务活动进行审计时，不可避免会存在审计的自我评价问题，导致审计的独立性、客观性以及公正性受到影响。

综上所述，高校内部审计存在独立性的挑战，如何合理掌握内部审计的"度"，如何平衡独立性和公正性之间的关系，成为高校内部审计面临的重大挑战。

2. 权威性挑战

首先，高校内部审计在法律上的权威性有待提高。尽管在2018年审计署颁布了某些制度和政策，提升了高校内部审计的地位，但是这些规章制度却缺乏对内部审计行为的具体准则。在这样的情况下，高校内部审计人员只能依据自己的职业判断或经验对业务活动进行审计，因此审计结果的权威性难以保证。

其次，高校内部审计建议的适当性尚需改善。在提出审计意见或建议时，内部审计部门应考虑到被审计对象的实际情况和具备的能力，这样才能提出可以被审计对象接受的、具有可执行性的意见或建议，最终降低组织的未来风险。目前，高校内部审计属于快速发展阶段，在审计建议的适当性、可行性以及针对性方面尚有较大的发展空间，因此高校内部审计应重视审计意见的操作性，如果在审计报告中提出的审计建议缺乏针对性，不仅会浪费审计资源，还会严重影响内部审计的权威性。

最后，高校内部审计结果的运用情况有待改进。对高校其他职能部门而言，高校内部审计结果具有很好的参考性，尤其可用来整改审计发现的问题或者对审计事项的责任人进行追责。然而，现阶段并未建立内部审计部门和其他职能部门的信息共享机制，高校内部尚未形成良好的问题整改机制，且对相关责任人的追责机制亦不成熟，并没有充分利用高校内部审计结果，运用效率低下，最终可能影响高校内部审计的权威性。

3. 专业性挑战

首先，高校内部审计的成果难以进行量化。高校内部审计具有显性价值和隐性价值，前者是指在高校财务方面的作用和成果，可以用高校节省的资金总额、项目的审计核减额等进行量化；后者是指在预防腐败、防范风险等方面发挥的作用，而这些指标无法用准确的数字进行量化。因此，高校内部审计的工作成果很容易被高校领导或其他部门忽视，导致高校内部审计工作的专业性被质疑。

其次，高校内部审计信息化程度较低。科技是第一生产力，信息化可以有效提升高校内部审计的工作效率。中央审计委员会曾经指出，要积极探索审计信息化方法，加快审计信息化建设。然而，目前多数高校无法开展嵌入式审计和信息系统审计，虽然部分高校应用专门的审计软件，但也存在审计软件与高校实际业务匹配度不高的现象，且因尚未对内部审计人员进行专业培训，审计软件的实用性不强。整体来看，高校内部审计信息化程度较低，信息化建设有待加强。

最后，高校内部审计人员业务素质较低。在进行审计工作时，高校内部审计人员发挥着无可替代的作用，他们需要对活动或组织中存在的问题和隐患等提出相对应的解决方案或建议，因此需要具备极其扎实的专业知识，且具备应对各种风险和问题的能力。然而，目前，众多高校的内部审计人员业务素质较低，其组成多数是审计、会计等专业的人员，缺乏信息技术、工程专业、组织管理专业人才，不能熟练操作相关审计软件。整体来看，高校内部审计人员的知识结构有待改善，业务素质较低，对高校内部审计的专业性产生了一定影响。

二、高校内部审计转型目标导向及模式

目前，众多高校内部审计仍旧停留在以财务审计为主的阶段，无论是层次、地位、独立性方面，或是开展审计项目的模式、内容和方式方面，众多高校的内部审计仍旧停留在较低的层次，而忽视高校管理审计，并不能很好地发挥内部审计的管理作用。

在新的形势下，高校应当顺应时代潮流，在高校内部审计方面做好转型工作。

（一）高校内部审计转型目标导向

高校内部审计转型不仅是时代的需求，还是当前高校健康发展的必然趋势，高校应通过建立适当的步骤和目标，循序渐进地完成内部审计的顺利转型，其目标导向如图 1-5 所示。

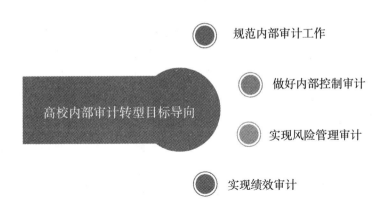

图 1-5 高校内部审计转型目标导向

1.规范内部审计工作

高校内部审计的起步较晚,和企业、金融机构的发展相比,高校内部审计就是一个蹒跚学步的稚儿,甚至不少高校仍旧处于审计的初级阶段,因此要想大跨步前进并不符合现实,且不可能实现,但朝着审计规范化的方向前进,可以从以下方面进行。

首先,构建垂直的组织。高校应按照国家法律或政策的有关规定,设计独立的内部审计机构或部门,保持内部审计的独立性,这是高校内部审计转型发展的前提。

其次,规范内部审计行为。高校应按照国家颁布的内部审计准则等规章制度对审计行为进行规范,根据这些具有可操作性的指导意见,结合高校具体的实际情况,规范内部审计的操作程序、文书格式、项目案卷、质量控制等,以实现内部审计的标准化和程序化,这是高校内部审计转型发展的基础。

最后,打牢财务审计的基础。对内部审计转型而言,其转型更多是审计内容方面的转变,即从财务审计向管理审计转变。但在这一过程中,并不能忽视财务审计,因为很多风险和问题会在财务方面体现出来,因此需要打牢高校财务审计的基础,做好财务审计工作,及时发现财务方面的问题。

2.做好内部控制审计

从某种程度来说,内部审计可以看作一种控制机制,其对内部控制设计的科学性和运行的有效性进行评价,为组织机构改善运营方式,以完善对内部业务领域的管理,实现组织目标。因此,可以说,内部审计和内部控制之间是相互依存、息息相关的关系，前者是后者的要素之一，后者是前者的立足之本。

2006 年，国资委就对中央企业的内部控制体系提出明确要求，即加强对内部控制执行的监督和检查，以充分发挥出内部审计在内部控制中的作用。然而，高校在内部控制审计方面，起步和发展较晚，尚没有比较成熟的经验，因此推进高校开展内部控制审计具有重要的价值和意义，可以从以下两个方面着手。

首先，实现审计理念、审计职能、审计目标、审计内容、审计方式、审计手段的全方位、多角度转变。高校应重新认识并理解内部审计的作用和价值，认识到内部审计是一种控制机制，具有监督和管理的职能，可以覆盖高校业务的方方面面，包括财务控制系统、业务控制系统以及信息控制系统，在审计过程中进行全过程监督（包括事前、事中和事后）等。

其次，实现内部审计的三个转变：一是由单个审计项目向规模审计转变，实现整体性和系统性管理；二是由单打独斗式的审计人员向发动成员参与监督的审计人员转变，扩大内部审计的人员数量；三是由被动防御的制度向积极控制的制度转变，加强内部审计在制度方面的应用。

3. 实现风险管理审计

自 20 世纪 70 年代起，国际内部审计师协会就一直引导内部审计向风险管理审计的方向发展，旨在通过内部审计改善风险管理、控制和治理程序的实施效果。从这个角度来看，内部审计的领域已经拓展到风险管理审计。

因此，内部审计不仅要考虑财务方面、控制方面，还应该考虑风险管理方面，只有将这三者有机融合，才能顺利实现内部审计的转型。

实现风险管理审计不仅是国际内部审计的发展要求和趋势，同时是我国市场发展和组织管理的要求，其对内部审计转型发展有着重要的参考价值。目前来看，我国高校内部审计在风险管理审计方面严重欠缺，无论是理论基础还是实务研究，都十分薄弱，无法实现对风险管理的有效审计。因此，高校应采取相关的措施关注高校风险管理状况，实施必要的审计程序，以更好地对风险管理进行审计，从而提高组织管理的效率。

高校内部审计机构和人员应重点关注内部控制中的风险管理状况，及时审查和评价风险识别过程、风险评估过程等，向领导层和管理层报告对风险管理进行评价和审查的结果，提出风险规避、风险转移、风险控制的改进建议。

总而言之，高校风险管理审计的建设任重而道远，并不能一蹴而就，在高校内部审计的转型过程中，需要对其进行重点建设。

4. 实现绩效审计

随着高校内部审计的不断发展，各个领域审计取得初步成效。各级层面对高校内部审计工作提出了新的要求，由关注审计监督实现管理活动、经济活动规范性提升到重视审计绩效层面。

2018 年 9 月，中共中央和国务院印发《关于全面实施预算绩效管理的意见》，对财政预算绩效管理作出部署，由此可见，国家层面对财政资金管理要求已由关注预算经费使用进度向预算经费绩效管理转变。

因此绩效审计成为高校内部审计的重要发展方向之一，是高校财务管理工作的必然要求。高校可以从以下方面进行建设。

首先，开展预算绩效管理业务。高校在进行内部审计过程中，需要对绩效进行提前管理，即在预算阶段，就对绩效进行管理和控制，从根本上对绩效进行管理，关注业务活动的效益，以实现绩效目标。

其次，制定绩效管理制度。所谓无规矩不成方圆，绩效审计是较新的审计领域，高校只有制定相关的管理制度，内部审计人员才能照章办事，即根据规章制度合理地进行绩效审计。

最后，构建绩效评价指标。绩效评价结果可以很好地改进绩效审计的不足，因此高校应构建科学的绩效评价指标，对绩效审计进行评价，才能更好地促进绩效审计的完善。

（二）高校内部审计转型模式

随着我国高校内部审计的转型和发展，其审计领域不断拓展和延伸，现在已经逐步发展到战略审计、内部控制审计等管理层面。并且，国家层面亦在积极推动高校内部审计向"管理审计为主、财务审计为辅"的模型转型。例如，《中国内部审计协会 2011 年至 2015 年工作规划》中指出构建现代内部审计模式，这就是指财务审计和管理审计并重的审计模式。

因此，高校内审部门应在做好财务审计的基础上，努力探索管理审计的道路，并逐渐将重点转移到管理审计方面，这样才能更好地提升高校资金使用效益和管理水平等，最终实现高校长远健康的发展。

第五节　高校内部审计转型途径

高校内部审计是提高高校治理能力的必然途径，转型已然成为不可阻挡的趋势。

本节主要介绍了高校内部审计转型的途径，包括开展内部审计供给侧结构性改革、实施高校内部审计信息化建设等，旨在从全方位、多角度促进高校内部审计转型，提高高校内部审计质量，最终提高高校内部治理能力。

一、高校内部审计意识和手段的创新

在高校内部审计转型过程中，为全面提升高校内部治理能力，需要拓宽内部审计的范围并健全内部审计的制度，诸如深化预算审计、落实绩效审计、加强风险管理审计、完善内部控制审计等，如图1-6所示。

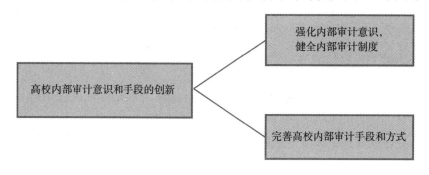

图1-6　高校内部审计意识和手段的创新

（一）强化内部审计意识，健全内部审计制度

要想顺利完成高校内部审计的转型工作，高校应当做好宣传工作，切实提高教职工的内审意识，并健全高校内审制度，为高校内审工作顺利进行提供基础和保障。

1. 强化高校内审意识

在高校之中，强化教职工的内审意识是十分关键的事情。首先，广大职工对内审的理解和支持直接决定着内审的生存空间；其次，专职审计人员的综合素质直接决定着内审的专业程度；最后，高校主要领导对内审的重视程度则直接决定着内审的权威性。

因此，高校内审的发展依靠高校职工对内审的态度，强化高校内审意识是充分发挥内审作用的基础和保障。

2. 健全高校内审制度

"无规矩不成方圆"，当每位教职工都具备内审意识，意识到内审工作的重要性之后，还需制定相关的内审制度，才能保障内审工作的顺利进行。

在制定高校内审制度时，高校应根据《教育系统内审工作规定》《审计法》等最新法律法规，并结合高校当前的实际情况，及时制定、健全高校内审的机制，包括完善学校内审的规定标准、要求流程等。

首先，对于校内预算审计办法、专项资金绩效审计办法、审计评价结果运用规定、审计整改检查办法等进行严格规定，以帮助内部审计工作人员可以依照章程进行审计。

其次，明确内部审计机构和工作人员的职责权利。一个规整有序的部门必然是职责分明的，如果内审机构和工作人员的职责不清，必然会造成部门内部和外部的混乱。因此，高校应明确内部审计部门的职责，将每一条标准和要求写清列明，进而形成系统的内部审计法规体系，最终做到审计有法规、工作有要求、评价有标准、结果有应用。

最后，严格执行内部审计的制度和规定，并采取相关措施保证内部审计制度的实施，最终实现内部审计规范化、制度化、程序化、精细化、标准化。

（二）完善内部审计方式，完善内部审计流程

随着科学技术的发展，各类信息化设备层出不穷，其为审计工作提供着便利的辅助作用，可以有效提高高校内部审计工作效率。同时，高校处于科学技术的前沿阵地，也便于了解先进的科学技术和先进设备。因此，高校应充分利用自身的优势，积极采用先进的审计手段和方法，

化解高校内部审计中遇到的问题。

1. 高校内部审计方式改进

在内部审计方式方面，目前高校更加注重事后审计，而忽视了事前审计和事中审计。这种审计方式会造成审计监督缺位，不能实现审计监督全覆盖。因此，需要改进内部审计的方式。

（1）重视事前和事中的内部审计

首先，树立审计事前预防和工作的超强意识，从项目开始启动就介入审计，进行全过程跟踪，以增强内部审计的时效性和前瞻性，做到防微杜渐，有效提升资金使用效益。

其次，将审计重点转移到效益审计和增值服务方面，体现出审计为管理服务的思想，从事后的防护性监督向事前的宏观性管理转变，增强高校内部审计的"免疫"功能。

（2）重视审计意见的落实程度

在高校内部审计工作中，往往更加偏重提出审计意见，却不重视审计意见的落实程度，导致经常有整改不到位的现象出现，因此可以采取以下措施，以改善内部审计的方式。

首先，增强内部审计后续服务的主动性和经常性，不仅要经常提出审计意见，还要关注审计意见的落实程度，及时督促相关人员落实审计意见。

其次，建立审计回访制度，将审计项目质量和审计意见落实有机结合，进而推进审计意见的落实。

2. 高校内部审计供给侧结构性改革

《国家中长期教育改革和发展规划纲要（2010—2020 年）》指出，我国教育还不完全适应国家经济社会发展和人民群众接受良好教育的要求。[①] 我国的现代化高等教育起步较晚，因此我们有必要对高等教育开展供给侧结构性改革（以下简称侧改革），以期不断提高我国的高等教育的水平，满足人们日益增长的对高等科学知识的渴求。

---

① 佚名. 国家中长期教育改革和发展规划纲要（2010-2020）[M]. 北京：中国法制出版社，2010.

二、高校内部审计供给侧结构性改革

（一）供给侧改革概述

1.供给和需求概念

我们从经济学的角度思考问题，就是要从供给和需求两个角度来进行详细的论述。供给和需求之间存在着辩证统一的关系，其相互对立又相互统一。是马克思主义唯物辩证法的观点。

现代经济学讨论的理论话题就包括对供给和需要的分析。一般意义上而言，需求是面向消费者来说的，在一定的时间内，在各种可能的价格下消费者购买某件商品的意愿就是需求。需求和需要相类似，在需求得到满足之前必须要具备两种条件，第一，消费者有购买的欲望，这种购买欲望是发自消费者本身的，是其对物质和生活必要所进行的选择。第二，消费者必须具备购买的能力。在资金和时间等条件的充足下，消费者可以负担得起商品的价格，能够买得起自己所需求的商品。这种供给是立足于消费者的需求基础之上的，我们称这种供给关系为有效供给。

2.中央提出"供给侧结构性改革"问题

2015年11月10日，在中央财经领导小组会议上习近平同志正式提出了关于供给侧结构性改革问题。同年11月18日，在APEC会议上习近平同志又重申了供给侧结构性改革，试图以其解决世界经济方面的深层次问题，针对经济结构性的改革可采取一系列的措施，例如实施货币刺激政策，使得供给体系可以适应供需结构的改变。2015年12月22日，中央经济工作会议上重点讨论了供给侧结构性改革的问题。《中央经济工作会议（2016）》重点指出，要形成新的改革发展的理念，与时俱进，将供给侧结构性改革作为主题，制定相应的政策支持，引导经济朝着高质量、高效率、公平、可持续发展的方向进行，这也是引导我国进行经济建设持续良好、健康的发展的有效途径。

3.供给侧结构性改革的内涵

（1）为什么要提出供给侧结构性改革

中新网的记者曾经报道，在中央财经领导小组进行的会议上习近平同志就加强供给侧结构性改革问题进行了深入分析，为了保持经济的稳定、高速增长，对中国的经济实行供给侧结构性改革是现如今工作中的重点。中国经济供给侧改革这一命题的提出就是要求改革要顺应现代化的经济走势，解放生产力，鼓励和促进经济上的良性竞争，要从供给和生产方面入手，对于那些落后的产能进行淘汰，对企业当中的"蛀虫"进行清理，将发展的方向和动力转移到新兴企业、创新领域方面。就拿中国国产手机供给侧改革这一典型例子来说中国的国产手机纷纷跟进生产，并且不断创新，在价格、性能、使用寿命、便捷程度等方面创新和改革，比、拼、赶、超的政策制定使得中国的国产手机可以转变市场行情，令中国的消费者有了更多的选择的同时也使得手机行业更加的合理、科学、智能、新潮，国产手机的性价比和受欢迎程度也逐渐受到了消费者的青睐，甚至远销世界各地。中国的国产品牌的崛起和人们对于日常生活用品的需求紧密相关，在同样质量的商品上，人们购买国货的热情已经不像从前那样受到国外品牌的干扰，人们更喜欢性价比高、物美价廉的中国国产品牌。这些成绩的出现、人们思想观念的转变都要归功于我们对于供给侧结构性改革的进行。正是我国制定了符合国计民生的实打实落地的方针政策，才使得人们不再愿意花费高昂的费用购买国外的进口商品，人们更倾向于使用国产的商品，这也是支持国货、爱国的表现。

（2）供给侧结构性改革的根本目的

供给侧结构性改革的目的是满足人们日益增长的物质需求。加深供给侧结构性改革成效，一定要从根本上采取措施，针对市场的变化情况和当地的实际消费能力、消费水平提高供给质量。在改革的过程中我们要深入的研究、分析市场行情和经济活动的走向，了解现实的人们生活和物质文化方面的需要。对于供给的策略要进行合理的规范，保障供给的有效性，制止无效的供给和浪费行为，改革供给过程和步骤，考查当地的实际情况制定针对性的方针以合理把握供给节奏。在深化供给侧结构性改革之后，要对市场进行合理的资源配置，建立健全经济制度的体制和机制，打破传统的思想壁垒，反对经济垄断，健全市场的运行机制，正确引导资源的优化配置。

（3）供给侧结构性改革的本质

搞好供给侧结构性改革就是要先弄清楚供给侧结构性改革的本质，对于这样一场经济层面上的革命，我们要端正态度，想方设法地进行经济结构的调整，提高供给的质量和水平，营造内生动力，创建适合改革的内外部经济环境。将供给侧结构进行全面、深入的改革，就是要坚定改革的信心，树立正确的变革的观念，从提高我国的整体经济实力出发，为经济供给侧结构性改革进行准确的方针制定，充分发挥经济制度带来的优势。

供给侧结构性改革和需求侧管理的改革是相辅相成、相互依存的关系。供给侧结构的改革更倾向对多年积累的问题的一种综合的解决，是对生产要素的更深层次的挖掘，可以使生产要素得到充分利用，供给侧结构性改革和需求侧管理都是要在发展中达到更高的层次和水平，这两者之间也是要在发展中获得平衡和相互促进。

（4）中国特色的供给侧结构性改革理论的基本点

第一，从马克思主义唯物论的观念出发，对中国特色的供给侧结构性改革提供经济理论性的指导[①]，借鉴其他国家的经济建设理论，依据供给和需求两者之间的关系，结合国情总结经验教训，并且制定符合我国发展的经济体制。在中国特色社会主义建设的前提下进行经济理论与实践上的创新，以科技引领生活，带动经济发展，通过对社会各个层面进行制度、科学、文化等的创新，鼓励人民针对中国当前国情进行经济供给侧结构性改革提出合理化建议，不断完善中国特色的供给侧改革的理论。

第二，从经济学理论基础上看待供给和需求的关系。供给和需求不是绝对的一成不变。供不应求或者供过于求都是在一定的经济环境下发生的。在供求关系中我们要认识到其是一种动态的平衡的过程。供给侧改革就是在供不应求或供过于求的一种不平衡状态下进行的合理改革，目的是为了建立一种正常的经济秩序，使供给和需求能够平衡和谐，对于供求关系中的无效、低端的供给要进行减少和避免，对有效、高端的供给给予支持和扩大，要增加供给关系当中的灵活性和适应性，使得供给和需求向着健康、合理、平衡的方向发展。

第三，供给侧结构的改革就是要达到提高供给质量的目的。供给质量提高了才可以满足生产的需要，满足人民日益增长的物质需求。而在

---

① 李常. 基于马克思供需平衡理论的供给侧结构性改革研究 [D]. 漳州：闽南师范大学出版社，2018.

进行思想观念、管理方式、政策制定、效率提高等方面的改革上要考虑供给结构和需求结构的适应性关系，全面谋划，合理分配，稳定布局，最终达到提高供给质量的目的。

第四，供给侧结构的改革就是要达到可持续发展的目的，在制度制定和政策支持上一定要面对实际，具体问题具体分析，合理把控，灵活解决改革中遇到的问题，创新改革手段，认清改革的目标，明晰最终要达到的目的，制定可持续发展性的规划。

第五，供给侧改革要关注大众的需求。其需求可以从三个方面进行分析。其一，供给侧改革是建立在需求的基础上的，就是要适当地扩大需求，通过需求带动改革，对于新的需求要积极面对，鼓励人们对需求的满足。其二，供给侧改革就是要提高供给结构对需求变化的适应性和灵活性，对于需求和供给两手都要抓，通过改革达到供给和需求的一种动态平衡。其三，供给和需求是提倡创新精神的融入，创造新的供给和需求关系，健全供给和需求的改革方案，提高人们的生活水平。

第六，在供给侧结构性改革的过程中要结合中国的国情和实际生产情况。中国地大物博，众多的地区有着不平衡的经济发展情况，因此在进行改革时一定注重当地的经济分配，根据当地人们的生活状态，对不同的时间节点和不同的产业分配等实际情况进行经济主要矛盾的分析，抓住重点，在供给侧改革和需求侧改革的过程中分清主次，确定两者之间的关系，以动态、发展的眼光看待改革中的问题，结合中国的经济特色，形成理论与实践相结合的改革方案，制定符合中国国情的供给侧改革的理论制度。

第七，正确处理政府和市场之间的管理关系，使政府的制度建立和市场的协调配合相一致，即经济体制的改革要全面深化的进行，其核心问题就是要处理好政府和市场这两只把握经济方向的手的配合。政府要在职责范围内进行宏观的经济调控，加强社会公共服务，保证经济秩序正常运行，还要维护好市场的良性运作，保障公平正义。市场机制管理，是在政府的参与管理下市场能够更好地发挥自身的经济管理作用，充分发挥市场的经济运行优势，优化市场经济的资源配置方式，弥补市场管理当中的漏洞。

（二）高等教育供给侧结构性改革的主要内容

2015 年中央经济工作会议指出："结构性改革主要是抓好去产能、去库存、去杠杆、降成本、补短板五大任务。"高等教育当中存在的经济活动会出现"三去一降一补"的现象[①]，由于高等教育不同于经济部门，其"三去两降一补"就可以解释为去行政化、去编制、去产能、降失业率、降成本、补短板。

1. 去行政化

（1）去行政化的内涵。我国在全面深化改革方面做出了明确的方针政策。在事业单位的改革方向上，要加大政府公共服务的投入力度，推动公办事业和主管部门的去行政化，逐步取消学校、科研院校、医院等事业单位的行政级别，实行事业单位法人代理管理制度。因此，"去行政化"作为一种事业单位改革的有效措施，就是要将事业单位进行内部管理结构上的变革，首先就是要求我们对于事业单位进行分类，这样具体的划分有利于事业单位内部的管理，也是对于编制这个一直令人困扰的问题的一种解决方式。

"去行政化"就是要逐渐的取消事业单位的行政级别。高校的行政化主要可以从两个方面进行讨论。第一，高校的管理是在政府的督导下进行的，这也就是政府对学校有着行政化的管理的权力。第二，学校内部也有着自己的行政化的管理方式。在 20 世纪 90 年代政府就曾经做出过相应的解释，在政府和学校的关系层面上，要建立政事分开的管理制度，明确高校的权利和义务，促进和鼓励高校自主办学，使高校成为面向社会的法人实体。政府在针对高校的管理上要简政放权，转变职能，通过对学校的宏观把握进行调控管理，而将管理的具体实施交由学校独立完成。

2010 年之后，政府就针对高校的管理进行改革，主要体现在"去行政化"方面，这也是政府在高校管理方面简政放权的最好体现。对高校的行政审批过程和权力都进行了下放，积极推动《高等学校章程》的制定。

正确对待高校和政府之间的关系，明确高校和政府各自的职责，立法划定高校和政府之间的管理权力边界，规范政府的行政管理权限，对

---

① 贾康.在供给侧结构性改革中推进金融创新[N].金融时报，2016-04-07（002）.

学校进行宏观管理，学校则要践行《高等学校章程》，积极主动地开展高校内部的各项管理工作。

高校的去行政化就是为了完善高校的治理水平，划分清楚政府和高校的管理范围，高校去行政化要厘清问题的层面，政府不是完全放手，高校也不能取消全部的行政管理，而是要通过去行政化的方式针对高校进行科学、高效、良好的行政管理，为科研、创新服务提供一个更宽松的发展空间。

（2）去行政化与供给侧改革的关系。学校能积极主动地发挥自身的主观能动性，这就需要学校首先要有非常强烈的责任心，即以学校为主体进行的经济建设就需要学校要进行自我检查、自我监督、自我约束。我国的高等教育法中明确了高校拥有的办学自主权力，《高等学校章程》也明文规定了办学自主。行政化影响了高等教育适应社会、适应市场的需求，也限制了高校适应高等教育发展的积极主动性，即对于高等教育来说行政化是一种政策管理上的束缚，因此对高校的管理进行去行政化的处理，也是经济供给侧改革的需要。去行政化就是要对政府、高校当中无关紧要的、低端、落后、无效的行政供给关系进行一场深刻的变革，对具有巨大的科研潜能的项目给予重点的关注和支持，释放高校教学管理的职能，加强高校的自主管理水平，使高校管理随着市场、社会、人们的需求的变化而采取相应灵活的变化，鼓励科研的创新精神和勇于探索的实践精神将人才作为高等教育发展的方向，满足社会对于高端人才的需求。

2. 去编制

去编制的工作主要有以下五个方面。

第一，高校仍然属于事业单位，分类为"公益二类事业单位"。

第二，实施机构编制备案。高校要根据自身的发展情况进行自主招聘，只需要向上级主管部门进行报送备案就可以了。这样将审批和备案进行了结合，就可以减少审批流程。

第三，以2012年作为时间节点，针对之前的编内人员进行统计，随着时间的推移编制的名额会随着人员的退休或减少而变动，新招聘的工作人员不再发放编制名额，这种规则实行一段时间，就会逐步的取消事业单位的编制管理，最终达到全体人员的合同制。

第四，允许高校设置流动岗位，这样可以有效吸引社会上的高等科技人才进行兼职授课，也吸引具有实践经验的企业家和科学家前来学校传授经验。

第五，以高校的预算管理来代替编制管理。这种改革的优势在于可以充分利用资金，并且能够改变现有的资金管理模式，建立绩效为标准的经济导向，满足社会服务的需求和科学成果的转换，即将绩效考核和收入结合，使高校的资金得到最大限度的使用，实现学校的自主管理。

3. 去产能

面对我国高等教育资源不足，高校优质学生的生源不足的现状，对高校进行教育供给侧改革，可以提高高等教育的教学质量，使我国的高等教育并不单单是停留在劳务输出的层面上。积极面对高校发展中存在的问题就是要从高等教育的质量抓起，针对学生进行个性培养以实现其多元化的发展，积极改进，主动改革，创建有特色的高等学府。高等学校的供给侧改革就是要针对市场需求、人才供需等方面进行深入的探索，提高高等教育的整体实力，解决人才供需方面的无效供给和低端输出问题，解决人才供需结构方面的产能过剩问题，实现素质化的教育目标。

4. 降失业率

大学毕业生就业率低的原因可以从三个方面进行考虑，第一，经济原因导致的经济结构不平衡，就业岗位不足；第二，教育原因，教育结构不合理，与社会需求脱节，高校毕业生成为低端供给和无效供给人员；第三，学生本身的问题，其对自身认识和社会发展水平存在不切实际的幻想，择业观出现严重的偏差，最终导致就业难，就业率低。

党和政府十分重视大学生的就业问题，国务院还提出"就业质量"的要求。2014年5月9日，《国务院办公厅关于做好2014年全国普通高等学校毕业生就业创业工作的通知》（国办发〔2014〕22号）规定："各高校自2014年起要发布高校毕业生就业质量年度报告。"国家倡导精准就业，提高就业质量。

5. 降成本

高等教育的普及，就需要我们特别关注高等教育的质量和水平问题。不能追求数量而牺牲质量，也就是说要做到培养优质人才，满足社会所需，对高校的课程设置和学生管理方面，高校要特别注意，加强管理，严格要求，对于那些不良的行为要及时制止，如记者报道，高校某些学生称课程无聊浪费时间因此明码标价①进行替课：普通课20元，如果有实验课、体育课，价格可能比普通文化课要高一些。因为，体育课的难度大，实验课的时间长，有人借此一天能赚100元左右。高校要供给优质教育资源，必须在提高高等教育质量上狠下功夫。提高高等教育质量就是减少低端和无效的教育产能。低端和无效的教育产能不仅浪费了当年投入（财政拨款和学费等）的教育资源，而且浪费了高校教职员工的人力资源和校舍、设备等物力资源，还损坏了学校声誉等无形资产，因此，提高高等教育质量就是宏观上降低学校的培养成本。

6. 补短板

高等教育中存在数量和质量方面的矛盾问题，尤其我们的高等教育质量就是短板，要进行质量上的提高，需要加强对民办高校的管理和监督。

一方面是相当一批专业人才因非国民经济和社会发展的需要而待业，另一方面却有一批专业人才因国民经济和社会发展的急需而短缺。这反映了我国高等教育的产能是结构性过剩，学校要进行供给侧改革就是要在适应经济建设和社会发展的基础上进行人民满意的教育，将关乎国计民生的教育问题摆在改革的重要位置，满足社会对于优质教育资源的需求。高校进行积极主动的变革，就是要以改变高校的供给侧结构性改革为出发点，准确研究经济型社会发展的需要和市场对人才的要求，提高教育质量。社会需要什么样的人才那么高校就培养什么样的人才，对口招生，对口就业，主动进行专业设置，提高学生质量，办人民满意的学校。这也是高等教育进行供给侧改革，促进教育实力的提升，长期发展的重要任务和使命。②

（三）高校财务供给侧结构性改革的主要内容

近年来，"供给侧结构性改革"成为各行各业改革的重点，其解决的

---

① 王立娜，桑晓，王颖. 当代大关于学生替课现象的现状及原因分析[J]. 财讯，2016（23）：86.

② 乔春华. 高等教育供给侧改革的财务视角[M]. 南京：东南大学出版社，2017.

是世界经济深层次问题，以提高供给质量满足需要，使供给能更好地满足人民日益增长的物质文化需要。同样，在高校内部财务和经济活动中，也需要实现供给侧改革，以更好实现高校发展，高校财务供给侧改革主要体现在以下两个方面。

1. 高校财政拨款供给侧结构性改革

高校资金供给的主要渠道是财政拨款，因此有必要对高校财政拨款进行供给侧改革，以更好地保障高校资金的有效供给和合法供给。

（1）高等教育供给侧结构性改革的要求。在高校财政拨款中，其供给侧改革的首要要求是公平供给，其次是效率。

①政府需要做到高校财政拨款的公平。在高校财政拨款中，首先要做到公平，这样才能更好地实现供给侧改革。目前，本科生和高职生的生均拨款标准相同，即不低于12000元。

2010年，《财务部、教育部关于进一步提高地方普通本科高校生均拨款水平的意见》中指出，原则上，2012年各地地方高校生均拨款水平不低于12000元。所谓高校生均拨款水平是指地方财政用来支持地方高校的经费（即地方财政的一般预算），按照在校生人数折算的平均水平。其中，在发展经费中包括基本的支出和项目支出，并不包含中央财政的专项经费。

随后，2014年国家出台了相关法规政策，要求各地高职院校生均财政拨款水平应当不低于12000元。其中，中央财政不要求对辖区内高职院校平均安排，这一举措使得高校本科生和高职生的生均拨款标准变得统一，初步实现高校财政拨款的公平供给。

尽管在本科院校和高职院校中的生均拨款标准得到了统一，但由于这些财政拨款中包含着基本支出和项目支出，这就使得生均拨款标准存在不公平的现象。例如，在本科高校中，其项目支出数量较大，而高职院校相对项目支出较少，这会导致生均拨款标准出现变数。因此，在生均拨款标准中应仅仅包含基本支出，而去除项目支出。

总之，国家和政府应采取一定的措施，改变按照学生规模拨款的方式，实现资源的最佳配置，最终实现高校财政拨款的公平。

②政府需要提高高校财政拨款的效率。政府为高校提供财政拨款项目的目的是促进高校长期健康发展，高校的性质不同，其所需要的财政

拨款自然有所不同。政府在进行财政拨款时，需要追求效率和效益，这样才能实现供给侧改革的目标。

本科院校和高职院校的"项目支出"方面显然不相同，前者的项目支出必然要比后者大得多。对本科院校而言，其需要培养应用型创新人才，进行的各种项目比较繁多，因此在项目支出方面其花费要很多。为促进高校的公平和效率，政府应当在"项目支出"方面多以拨款。

财政部、教育部的有关负责人指出，"中央高校预算拨款体系包括基本支出和项目支出两部分，占比约为 6∶4。"其中，基本支出是指维护高校正常运转的费用，通常以生均定额拨款为主。而项目支出则是指高校完成特定工作任务的费用，主要用来改善教学科研、办学条件、重点建设等项目。从基本支出和项目支出的比例来看，项目支出显然资金不足，不能有效支持本科院校的项目建设。

因此，政府在进行高校财政拨款供给侧改革工作时，应根据高校的具体情况灵活制定不同的财政拨款政策，在公平的基础上，追求财政拨款的效率，以满足高校发展的需求。

（2）高校财政拨款供给侧结构性改革的思路。为更好地进行高校财政拨款供给侧改革，政府应推行绩效拨款，使得财政拨款得到有效利用，其思路如下。

①应推行绩效拨款。教育投入可以看作投资，有投入就要追求有效产生。随着我国不断增加教育投入，如何更加有效提升财政拨款的合理性和科学性，成为当前政府财政拨款面临的重要难题。

实现高校财政拨款供给侧改革，可以推行按照绩效对高校进行拨款的思路和策略。2015 年，财政部颁布的《中央部门预算绩效目标管理办法》中指出"按照预算支出的范围和内容划分，包括基本支出绩效目标、项目支出绩效目标和部门（单位）整体支出绩效目标"，这为高校财政拨款按绩效拨款提供了思路和方案。

其中，基本支出绩效目标是指中央部门预算中安排的基本支出在一定期限内对本部门（单位）正常运转的预期保障程度；项目支出目标则是指中央部门通过预算安排的项目支出，在一定期限内预期达到的产出和效果；而部门（单位）整体支出绩效目标则是指中央部门按照确定的职责，应用全部部门的预算资金，在一定期限内预期达到的总体产出和效果。

总之，政府可以按照绩效目标的管理办法，改革现有的不合理的拨款制度，推行绩效拨款，实现高校财政拨款的供给侧改革。

②高校应以成果为导向推进拨款。长期以来，我国高校拨款通常以"产出为导向"进行预算拨款，即做一个研究项目拨一笔款，这样的拨款方式可能会产生次品和废品，很少关注绩效方面的问题，就好像招多少学生就拨多少款，全然不顾学生的具体情况，导致不少财政拨款没有"物尽其用"。因此，高校拨款应转变拨款方式，以"成果为导向"进行拨款。

③构建高校绩效拨款指标。目前，我国高校绩效拨款才刚刚起步，无论是评价标准、评价方法、拨款方式等都知之甚少，尚在摸索阶段，但可以借鉴国外高校绩效拨款的经验，构建某项绩效拨款的主要指标，其指标如下。

A.毕业率。

B.就业率。

C.毕业生第一年的月薪和单位。

D.研究生升学率。

E.专升本率。

F.专业证书通过率。

G.用人单位信息反馈。

总之，对于这些指标的评价和审查，可以推动高校绩效拨款的实行，最大程度实现公平且高效的高校财政拨款供给侧改革。

2.高校学费供给侧结构性改革

高校资金供给的渠道之一是学费，通过对高校学费进行供给侧改革，可以保障高校资金有效供给和合法供给，这对高校科学长远发展具有重要的意义和作用。

（1）高校收费和高校学费

①高校收费和高校学费概念。高校收费和高校学费是两个不同的概念，在2006年颁布的《关于进一步规范高校教育收费管理若干问题的通知》中，就对高校学费和高校收费进行了明确区分。在该文件中指出，高校行政事业性收费包括学费、住宿费和考试费三类。从中，我们可以明确看到高校收费和高校学费的区别，而目前高校"乱收费"的现象大

多是指学费以外的项目。

②高校学费的要素和制定方式。对高校学费来说，其学费的标准需要根据年生均教育培养成本的一定比例进行确定，并不是由高校随意制定。当然，在制定高校学费时，还应考虑经济发展状况和群众承受能力，通过对这两方的综合考虑，进而制定出高校的学费标准。

其中，高校学费占年生均教育培养成本的比例需要由国家教委、国家计委、财政部共同制定，最高不得超过 25%，而具体的比例则根据发展状况和群众承受能力要素进行调整。

需要注意的是，不同地区、不同层次、不同专业的高校学费标准可以有所区别，实行优质优价的原则。

（2）高校学费供给侧改革的要点

对高校而言，其学费供给侧改革需要侧重于两点，即公平和效率。前者是指基于公平原则，全国同一专业的学生应统一学费标准；后者是指基于效率，不同质量和层次的高校学费应有所差别，做到优质优价。

①制定全国统一的收费标准。我国经济在发展，各个地区的经济水平却并不一致，全国制定统一的普通高等学校收费标准和办法，显然并不符合当前的经济形势，且并不科学合理。例如，东部地区经济发展水平较高，西部地区经济发展水平较低，如果高校学费过高，对西部地区人民而言显然并不公平。

目前，我国各个省、市、自治区可以根据各自的经济状况和居民经济承受能力制定各自的收费标准。然而，各个省、自治区、直辖市之间的经济发展也不平衡，经济发达省份中也有经济欠发达地区。例如，广东省虽然整体的 GDP 较高，但其下属市、县等的经济并不发达，甚至比贵州省贵阳市还要低。如果广东省不顾实际情况、不分贫富地区将高校收费标准制定得比贵州省还要高。那广东省的学生到贵州省上学，其学费会比自身地区高校学费标准低，而贵州省的学生到广东省上学，其学费会比自身地区标准高，这样并不利于高校的发展，也没有道理。因此，如果将省、市或自治区作为单位制定高校学费的标准，并不利于实现公平的目的，达不到精准科学。

总之，为体现出高校学费的公平，同一专业、同一层次应统一学费标准，即由教育部、财政部、国家发改委根据"高等学校学生人均经费基本标准"制定出全国统一的收费标准。

②差别性定价原则。虽然高校本质上都可以培养人才，但其高等教育的层次、专业、高校排名等还是有所不同。在制定不同专业的学费标准时，政府应当考虑到这些因素，根据差别性原则，灵活制定不同的学费标准，这样才能提升高校学费的效率性，关于效率则可以从以下方面入手。

A.工科、医科、文科、艺术类等专业的培养费用不同，因此其专业的学费标准应有所差别。

B.学位层次不同，学生接受的教育自然不同，其学费标准应当也有所不同，学位层次越高，其学费标准应当越高。

C.学校的层次不同，其学费标准亦应不同。在中央直属高校中，其学校层次较高，培养人才的成本和其他层次学校不同，因此学费标准应有所差别。

高校学费管理不仅是高等教育市场机制的需要，同时是完善高等教育投入体制的需要，涉及高校自身和千家万户的利益，因此需要进行高校学费供给侧改革，以帮助高校在财政方面实现长远发展。

（四）高校内部审计供给侧结构性改革的主要内容

在中央财经领导小组第十一次会议上，习近平总书记强调，在适度扩大总需求的同时，着力加强供给侧结构性改革，着力提高供给体系质量和效率，增强经济持续增长动力。高校内部审计同样如此，需要加强供给侧结构性改革。高校内部审计供给侧结构性改革是解决审计质量不高、审计成果不大、审计作用发挥不充分（就是审计质效显示度不高）问题的必由之路，也是更好服务学校经济"供给侧结构性改革"的重要保障。内部审计供给侧结构性改革可以从制度变革、结构优化、要素升级三个方面展开。

1.高校内部审计制度变革

长期以来，高校在内部审计中强调比较多的是被审计单位的配合、执行决定、对查出问题的整改以及对审计结果的运用，却没有严格要求审计部门自身的审计方向、审计关注的重点以及内部审计工作能否满足高校治理的需求、审计资源的利用率等，这些因素的存在造成内部审计的质量不一。

因此，高校内部审计部门应当改革自身的管理体制，在加强自身审计独立性的同时，对内部审计部门自身的制度进行完善和创新，可以从以下方面着手。

（1）增强内部审计部门的独立性

加强高校内部审计管理，首先需要加强高校内部审计部门的独立性，这是进行高校内部审计工作的基础和保障。

高校内部审计独立性不高的问题由来已久，其独立性不高不仅会降低高校内部审计结果的质量，还会降低高校内部审计的权威性。

随着时代的发展和科技的进步，我国的社会经济形势有着巨大的改变和突破。显然，之前的内部审计职能已经不能满足当前的需要，其需要服务于高校治理，以提高高校治理体系和高校治理能力，这就意味着高校内部审计部门需要成为独立的直接管理体制，这样才能减少审计工作受干扰的程度，提高内部审计部门的权威性。

当前审计部门的一项重要任务就是揭露高校在运行和治理过程中存在的问题，并采取相应的措施和建议，以提高高校的治理能力。如果高校内部审计部门不能独立存在于高校之中，则容易出现"瞻前顾后""畏首畏尾"的情况，极大程度浪费高校内部审计的资源和精力。因此，高校必须实现内部审计部门的独立性，建立专门的内部审计部门，和其他行政管理部门加以区分，明确内部审计部门的职责和范围。

（2）制定内部审计的制度和程序

高校内部审计在转型发展过程中，需要制定相关的内部审计的制度和程序，这样内部审计人员才能依法审计、依规审计，做到有条不紊。

首先，高校应该明确内部审计工作的领域和范围，内部审计包括经济责任审计、绩效审计、专项审计调查、内部控制审计等诸多类型，针对不同的审计类型，高校应当制定具体的规章制度和审计程序，这样内部审计人员才能根据审计程序和步骤开展相关审计工作。

其次，高校应当针对内部审计项目的不同制定相关的审计制度。不同的审计类型的目标不同，其方式、程序、审计报告的侧重点亦有所不同。高校应当根据审计目标的不同，结合相关的法律法规，从高校的实际情况出发，以制定出切实可行的审计制度和程序，尤其是较为具体的步骤和工作要求，这样才能保障内部审计工作的顺利进行。

（3）制定内部审计人员的培训制度

现阶段，由于高校内部审计在不断转型发展，现有的审计管理人员的专业能力并不能满足当前审计工作的需要，因此，需要制定和审计人员相关的培训制度，以更好地提升高校内部审计人员的审计水平。

高校内部审计要想提供更加可靠的审计结论，使得审计工作更好地服务于国家治理，就应当加强审计人员的专业性，提升审计人员的责任感，打造专业化、精细化的审计队伍，对此可以采取以下措施。

第一，建立准入退出机制，从源头上把好人才关，对不适合从事审计工作或专业性不强的审计人员制定相关的退出机制，建立人员动态调配机制，做到"人尽其用"。

第二，采取多项措施切实加强对审计人员的培训力度，如举办各种培训会、参与统一组织的审计项目（以审代训）等，通过审计人员的沟通和交流，实现审计能力的提高。

第三，鼓励审计人员从事后续审计教育和加强自我学习能力的行为，让审计人员在自我的驱动力下，积极拓宽审计知识面，完善审计知识结构。

第四，激发审计人员对审计工作的兴趣。兴趣是最好的老师，通过培养审计人员的兴趣，使得审计人员积极主动进行审计工作，取得事半功倍的效果。

第五，切实保障审计人员的付出和获得相匹配。正所谓安居才能乐业，要想审计人员没有后顾之忧地进行工作，就必须采取相关措施切实保障审计人员的利益。只有当付出和收获相匹配时，审计人员才会以更加积极的心态进行审计工作。

通过上述举措，增加审计人员的专业性并提升审计人员的责任感，确保审计人员领会审计意图，确保审计结果的高度精准，这是高校内部审计制度变革的必然需求。

2. 高校内部审计结构优化

深化高校内部审计供给侧结构性改革，关键在于如何处理好"供"和"给"的关系。随着时代的发展，高校已然不满足于内部审计仅是提供相关的财务审计信息，还需要内部审计从加强高校治理的角度出发提供更多的信息和建议。

因此，高校应当实现内部审计的结构优化，拓宽高校内部审计的范围和领域，对此，笔者认为可以从以下几个角度出发提高高校内部审计的质量，助力高校治理体系的完善，如图 1-7 所示。

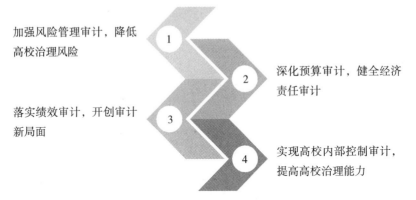

加强风险管理审计，降低高校治理风险 ①

深化预算审计，健全经济责任审计 ②

落实绩效审计，开创审计新局面 ③

实现高校内部控制审计，提高高校治理能力 ④

图 1-7　高校内部审计结构优化

（1）加强高校风险管理审计，降低高校治理风险

在高校运行和管理过程中，其不可避免面临着种种风险，诸如财务管理风险、制度建设风险、高校管理风险等。随着高校规模的不断扩大，这些风险日益突出，严重影响高校的顺利运行。

为更好地管理这些风险，高校内部审计部门需要扩大审计范围，加强高校风险管理审计，对高校存在的或可能存在的重大风险进行及时管理，以降低高校的财务损失。

首先，高校应当重视高校风险管理的建设，成立专门的高校风险管理队伍或小组，针对高校已经存在的风险或潜在的风险进行重点评估和管理，及时发现高校存在的风险并进行应对。

其次，高校内部审计部门应当关注高校风险管理的审计，对高校风险管理的制度、部门以及运行机制等进行审计，做到"以审促建"，即对高校风险管理部门进行审计，以促进高校风险管理水平的提升。

（2）深化预算审计，健全经济责任审计

有效的计划和规划可以实现资源的优化配置，因此做事情之前需要做好规划，以实现最大的效益。在高校内部审计工作中，亦是如此，通过做好预算审计，可以对高校资源进行优化配置、合理科学使用，提高资金使用效益。不仅如此，预算审计同时是明确划分高校领导层进行经济活动责、权、利的制度保障和资金保障，其对依法治校、强化高校干部管理监督、促进党风廉政建设等有着重要的意义，对维护高校可持续发展起着至关重要的作用。因此，高校应深化预算审计、健全经济责任审计制度。

首先，在预算全过程中，始终牢牢把握审计监督评价，对每一个业务环节进行监控，包括预算编制、执行、调整、结果应用等，充分发挥内部审计的监督、检查、考核和评价作用，保证预算的执行效果，实现高校人力资源和财务资源的优化配置。

其次，高校应制定并健全经济责任审计制度，从根本上预防和治理腐败问题，以相关规章制度更好地约束高校干部的权利，促进高校领导干部廉洁自律，对此可以采取以下措施：一是建立健全经济责任审计工作的管理和运行机制，以内部审计的结果（包括评价结果和监督结果）为核心，建立相关的经济责任审计制度；二是建立健全预防和惩治腐败体系，根据党中央反腐倡廉的方针或政策，对经济责任审计工作采取相关的预防和惩治措施，以推进高校健康可持续发展，实现"源头防腐、过程监腐、结果惩腐"。

（3）落实绩效审计，开创审计新局面

所谓绩效审计是指对被审计单位经济活动的经济性、效率性和效果性所进行的审计。其中，经济性是指在获得一定数量和质量的产品或者服务及其他成果时所耗费的资源最少、成本最低；效率性是指一定的投入与产出的比例关系，即一定的投入是否得到最大的产出；效果性则是指被审计单位预期目标的实现程度。高校绩效审计是指对高校经济活动的经济性、效率性和效果性进行审查、分析和评价，重点关注经济效益状况及其影响因素等的审计，通过绩效审计可以提高高校经营管理水平和经济效益。因此，高校需要落实绩效审计，使之发挥出应有的作用和价值。

首先，绩效审计和财务收支审计休戚，相互依存。只有在完成财务收支审计并对不真实、不合规的问题整改到位的基础之上，绩效审计才具有现实的意义。高校应做好财务收支审计工作，并以此为基础，根据真实可靠的数据对高校经济管理活动进行分析和评价，提出提高经济效益的意见和建议。

其次，绩效审计着重突出的是评价职能，因此需要制定相关的制度标准。高校内审部门应设计具备科学性、全面性、可操作性的绩效审计

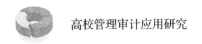

评价指标，构建系统的绩效审计评价指标体系，这样才能对高校经营管理的各个方面进行有效考察和分析，提出切实可行的改善措施。

（4）实现高校内部控制审计，提高高校治理能力

高校内部控制建设是高校教育事业高质量运行的保障，只有建立健全高校内部控制体系，实现高校内部控制的高质量，才能保证高校长治久安。高校内部控制审计则是高校内部控制体系的一个重要组成部分。高校内部控制审计是对高校内部控制设计的科学性、运行的有效性进行评价的审计，其对促进和优化高校内部控制体系建设有着至关重要的意义。

然而，目前高校对内部控制审计并不重视，很少对内部控制进行审计和评价，导致高校不能及时发现管理和治理方面的"漏洞"，从而给高校造成损失。因此，高校有必要开展内部控制审计，对高校内部控制设计的科学性、运行的有效性进行监督和评价，不断完善高校内部控制体系，从而提高高校的治理能力。

首先，高校应当重视内部控制的建设工作，高校内部控制体系是高校运行的重要基石，是高校长治久安的保障，是助推高校治理体系、治理能力现代化建设的前提。因此，高校应当立即采取相关措施加强内部控制体系的建设，力争在最短时间内实现内部控制体系再优化，最大限度实现对高校各项经济活动、管理活动全覆盖，真正落实"把权力关在制度的笼子里"的约束机制，真正体现内控防范财务风险、强化内部管理、提升经济效益的客观要求。

其次，高校内部审计部门应当对内部控制审计有全面的认识，再优化的高校内部控制体系都不可能十全十美，都会存在一定的局限和不足。内部审计部门通过对高校内部控制体系的监督和评价，提出相关建议和措施，跟踪审计建议和措施的落实情况，进而实现内部控制体系再完善、再优化，最终助力高校治理能力和水平的提升。

总之，高校内部审计应该落实绩效审计、实现内部控制审计、加强风险管理审计等，积极拓宽内部审计的范围，这样才能更好地实现高校内部审计结构的优化，实现内部审计供给侧结构性改革。除此之外，高校应该及时落实高校内部审计人员的配置，优化内部审计人员年龄结构、专业结构，通过多种形式切实提升内部审计人员的业务素质。

3.高校内部审计要素升级

随着高校对审计工作需求的日益增加，陈旧的规章制度明显制约着高校内部审计的发展，因此，高校内部审计要素的升级迫在眉睫，其主要体现在以下方面。

（1）人才要素升级

在人才管理方面，部分高校内部审计部门存在论资排辈现象，审计人员为人处世的圆滑程度、社会关系的强弱、资质的深浅等因素影响其提职晋升，而审计人员的业务能力、实干真干的工作敬业程度所带来的显示度、认可度则相对不高。甚至某些高校到目前为止仍未建立内部审计人员激励机制，这都不利于激发审计人员的积极性和工作主动性，阻碍了高校内部审计事业的发展。

首先，制定内部审计人员的管理制度。所谓"攘外必先安内"，要想使得内部审计工作可以顺利进行，首先需要保证内部审计部门的有序运转，因此高校应当制定相关的管理机制，如考勤制度、工作内容和范围、工作职责等基本内容和制度，这样才能确保高校内部审计部门正常运转。

其次，制定内部审计人员的考核制度和激励制度。建立和实施内部审计人员准入和退出机制。对有突出贡献的内部审计人员给予物质和精神奖励，并制定详细的、科学的、合理的激励制度和考核制度；对考核不达标的审计人员，采取一定的惩罚措施并对其加强培训，以快速提升自身的审计能力和业务素质。对经培训仍不能胜任审计工作的，则进行转岗或调离审计部门纳入学校人力资源统筹。

（2）技术要素升级

在审计管理技术方面，高校内部审计部门的管理设备落后，缺乏先进的审计管理工具，甚至有的高校审计工作方式仍以翻阅凭证、账本为主，更不用说先进的审计技术了，这极大制约着高校内部审计的发展。因此，高校应当积极引入内部审计新的技术和手段，改善原有的审计技术，在常规审计方法的基础之上，积极创新审计方法和技术，力求审计结果更加客观和公正，为高校决策提供更有效的参考依据，对此可以从以下几个方面展开。

首先，高校应更新审计设备，如配置性能优良的计算机、建设内部审计信息化网络平台、配置其他辅助设备等，以方便内部审计工作人员可以提升审计效率，及时传达内部审计的规章制度和相关信息等，实现智能化和信息化办公，减少人工办公的差错。

其次，高校应丰富审计手段，如应用网络技术和大数据技术等构建内部审计软件体系，方便内部审计工作人员进行综合化办公。为提升内部审计的工作效率，可以将高校教学管理、资产管理、财务管理、学生学费管理、学校工程管理、科研管理等活动综合管理，将其整体构建成为内部审计软件系统，并和其他高校平台进行衔接，最终建立起高校内部审计数据库，这样内部审计工作人员就可以在该系统中调阅或审查某些数据，提高内部审计的效率和水平。

最后，高校应尽可能使用互联网进行审计，倡导无纸化审计，提升高校内部审计的综合水平。

（3）质量监督升级

在审计监督方面，高校缺乏有效的质量控制体系。正所谓"没有规矩不成方圆"，单纯依靠内部审计人员的自觉自律意识显然是不够的。对审计项目而言，审计人员需要时刻保持专业的职业谨慎和敏感，因此需要建立完善的质量控制体系，对审计项目进行严格监督和考核，是确保审计质量的前提和基础。

首先，高校需要对内部审计部门的审计结果建立质量控制制度。针对内部审计部门出具的审计结果或结论，高校应当对其进行监督和考核，建立审计质量控制制度，对审计质量责任、审计人力资源、审计业务执行等多个方面进行考核，确保审计质量。

其次，高校应当强化考核制度的执行度。制度的生命力在于执行，如果制度得不到有效执行，那么最终只能沦为"摆设"。因此，高校应当采取相关措施，督促审计质量控制制度的执行。

高校内部审计要素升级成为必然趋势，高校应当从管理制度、管理技术、质量监督等要素着手，构建全面而系统的内部审计管理体系，从而促进内部审计供给侧结构性改革。

综上所述，高校内部审计供给侧结构性改革的最终目的只有一个，就是从根源上解决审计质量不高的问题。内部审计供给侧结构性改革，从制度变革、结构优化、要素升级等方面出发，可以确保高校审计结果的正确性和精准性，有利于提高高校审计服务高校治理的能力和水平，是高校内部审计转型的必经之路。

三、实施高校内部审计信息化

随着科学技术的发展和成熟，高校内部审计信息化建设成为必然趋势，内部审计信息化建设，可以有效提高高校内部审计的效率和水平，使得高校内部控制建设更加全面和高效，其是促进高校内部审计转型的重要途径和策略。

（一）高校审计信息化概念和目标

审计信息化，从字面上理解是将信息化引入审计工作，这样可以有效提升审计工作的质量和效率，对内部审计工作的开展具有重要的意义和价值，是内部审计发展的未来趋势。

1. 审计信息化的概念

审计信息化是指将先进的信息技术应用到传统审计，从而构成全新的审计信息化工作体系，包括计算机网络、审计系统软件、审计系统硬件等基本设施，该工作体系具有监督、审查、辅助决策和及时预警风险等功能，不仅可以提升审计工作的效率和准确性，还可以达到资源合理配置的目标。

2. 审计信息化的目标

对高校内部审计而言，其具有得天独厚的优势，即高校不仅具有较充足的资金，且在信息化建设方面相对成熟。

（1）审计信息化的总目标

审计信息化的总目标是建立以信息为引导的审计体系，实现信息技术应用的全面化、审计管理活动的智能化、获取审计信息的充分化等，进而全面覆盖高校的业务活动，最终实现信息化的审计模式。

（2）审计信息化的具体目标

高校审计信息化的具体目标有五个，一是实现审计运作模式的"全面变革"，二是实现信息的"充分对称"，以全面获取审计需要的各类信息；三是"全面建立"信息系统平台，构建功能强大、运行高效的审计信息技术平台；四是实现技术的"创新应用"，以达到信息技术对审计管理和审计业务的全方面覆盖；五是"全员普及"审计信息化方法，如图

1-8 所示。

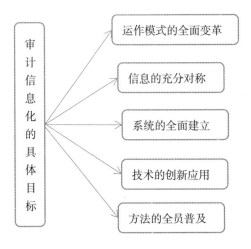

图 1-8　审计信息化的具体目标

（二）高校审计信息化发展的意义和作用

中央审计委员会第一次会议中指出，"科技强审，加强审计信息化"，这意味着审计信息化将成为必然。

高校通过审计信息化建设不仅可以提升审计的工作效率，而且可以降低审计的风险，由此，发展审计信息化建设的必要性主体现在以下方面。

1.转变工作方式，提升审计工作效率

目前，高校的业务范围逐渐拓展，随之而来的是经济业务和资金往来频率的急剧增加，因此高校内部审计的工作变得日益繁重。

长期以来，高校内部审计的工作方式为现场审计、时点审计以及事后审计，这种方式不仅效率低下，且很容易弱化内部审计应有的效果。例如，在进行经济责任审计工作时，采用事后审计的方式，因此无法及时为领导干部的升迁和调任提供参考依据，其审计结果起到的效果几乎为零。如果高校采用信息化的手段开展内部审计工作，进行审计信息化建设，则可以提升工作效率，在短时间内完成审计工作。

首先，内部审计人员可以应用信息软件平台，从林林总总的财务数据、经济活动数据中，采集和筛选出被审计部门或单位的有效数据，有效节省查找数据的时间，提升工作效率。

其次，内部审计人员可以应用相关的审计软件，进行自动预警和模型分析，通过智能化判断，从中找到这些被审计的部门或单位数据的线索，不仅可以降低判断的失误概率，还可以极大程度提升工作效率，实现双赢。

总之，通过审计信息化建设，高校可以应用更加先进的审计手段，以提升高校内部审计的工作效率。

2. 降低高校内部审计的风险

在高校审计工作中，其审计报告、工作底稿、证据等都以纸质形式保存，一旦丢失或损坏重要的信息，将会给内部审计工作带来极大的损失，甚至影响内部审计工作的进行。通过高校审计信息化建设，则可以将重要的信息以电子文件的形式进行保存，降低审计工作的风险。

首先，审计信息化平台具有传输电子文件的功能，可以保障数据的网络安全，尤其在数据传递方面配备行之有效的配套设备，更能确保重要信息不会丢失，方便内部审计人员的搜集和查找。

其次，下发审计通知书、底稿归档、制定审计方案等环节，都可以通过计算机完成，这不仅可以简化操作流程和步骤，还可以对工作底稿进行规范，最大程度地保证审计文书和审计底稿的质量。

最后，应用计算机或相关软件，可以有效使用比率分析、结构分析、固定样本抽样、任意抽样、停走抽样等分析方法和工具，使得审计分析和抽样更加公平和客观，有效提升内部审计的质量。

总之，应用审计信息化平台和工具，可以降低高校内部审计的风险，从客观公正的角度出发进行审计，提高内部审计的质量。

3. 构建内部审计体系，规范审计流程

在高校内部审计工作中，审计涵盖的内容广泛，其包括财政财务类、综合类、税收类、金融类等，涉及的领域有很多，包括绩效审计、经济责任审计、风险管理审计等。

要想对上述内容和领域进行有效管理，就需要构建审计体系，将这些领域和内容进行分类、分模块管理，实现审计的系统化管理。只有这样，高校内部审计人员才能全面且系统地管理审计业务和活动。

同时，建设高校审计信息化可以规范审计工作的流程，及时应用更新相关的法律法规、审计程序、审计案例等，方便审计人员信息更新，进一步提升内部审计的质量。

4.提高高校内部控制质量

在高校内部控制体系之中，高校各个职能部门、各个领域相互联系，关系错综复杂。

实现高校审计信息化建设，有助于各个部门和领域形成系统、全面的关系，在管理方面具有莫大裨益。例如，通过审计信息化将财务部门和后勤部门综合在同一个信息平台之上，内部审计人员可以通过该信息平台对同一个项目进行审计，从不同的部门调用不同的审计信息，使得审计项目的结果更加准确和精准。

综上所述，高校内部审计信息化建设是高校内部转型的必然途径和有效手段。

（三）构建高校内部审计信息化系统

随着中国《教育信息化十年（2010—2020）规划》的实施，高校内部审计成为高校教育系统的组成部分，其审计信息化建设逐渐成为现实。

高校内部审计人员可以借助计算机技术等快速完成审计工作，首先应构建内部审计信息平台。

1.高校审计信息化平台建设

在高校内部审计系统中，按照高校审计功能的不同，审计信息化平台主要可以分为四大部分，如图1-9所示。

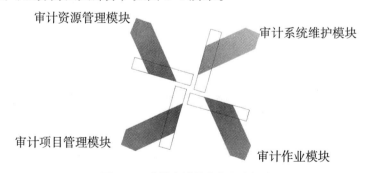

审计资源管理模块　　　　　审计系统维护模块

审计项目管理模块　　　　　审计作业模块

图1-9　高校审计信息化平台组成

（1）审计资源管理模块

在审计资源管理模块中，划分登录项目、年度工作、待办事项、信息公告等功能，内部审计人员可以通过这个模块对审计资源进行管理，并决定不同人员的权限，确保审计数据的安全性。例如，资料送审人员仅具备录入的权利，而审计组成员则具备复核的权利等，根据权利的不同，对审计资源进行管理。

（2）审计项目管理模块

在审计项目管理模块中，高校可以实现审计流程的作业流处理，对审计项目进行统一管理和审查。

在项目管理模块中，无论是建立审计计划、新建审计项目，还是编制审计实施方案、审计通知书、审计报告等，都可以是"一条龙"建设，此便于内部审计人员掌握审计项目的进度和具体情况，只要是尚未完成的审计项目，都会在待办事项中显示，这为内部审计人员提供了极大的便利，有利于整个审计项目的一体化管理。

（3）审计作业模块

审计作业模块是审计信息化平台的核心，在这一模块中，高校内部审计可以实现对所有数据的处理，包括查询、搜索等功能。当然，内部审计人员可以应用各种分析方法和工具，对需要审计的数据（如审计报表、经费收支一览表等）进行处理。

在该模块中，其包括审计数据准备、审计作业、分析工具等子模块，内部审计人员可以应用这些子模块完成不同的功能。

（4）审计系统维护模块

对审计信息化平台而言，系统维护模块至关重要，其是整个审计平台的基础支撑，包括用户信息管理、审计部门管理、外部审计机构管理等，高校应根据自身的实际情况，对这些子模块进行维护，以保证整个审计信息化平台的正常运转。

总之，通过构建审计信息化平台，高校内部审计人员可以对高校审计项目、审计资源等进行科学管理，提升审计人员的工作效率，并一定程度上提升内部审计的质量，对高校建设具有十分重要的意义和价值。高校应积极采取相关措施，构建审计信息化平台，以推动审计信息化发展。

2.高校审计信息化制度建设

高校审计信息化体系，需要相关的制度对其进行建设，以保证信息化审计的顺利进行，其制度建设如下。

首先，高校应明确信息化审计的程序和流程。和传统审计相比，信息化审计需要应用计算机等硬件设备，传送电子文件，该如何对这些电子文件进行处理（如签名、查阅、搜索等），高校应明确关于这些文件的处理规定和流程，以确保电子文件的安全和传递，最终实现信息化审计的目标。

其次，高校应明确审计信息化建设的管理制度。审计信息化建设需要各个部门协调配合，如果仅有内部审计机构工作，是无法完成工作量如此庞大的工程的。当然，在审计信息化建设中，内部审计机构需要整合各个部门的数据资源，即需要各个部门积极配合。因此，高校应建立相关的管理制度，明确各个职能部门在审计信息化建设中的任务和职能，制定相关程序和机制调动高校内的资源，以规范高校审计信息化建设的秩序，保证其顺利实施。

最后，高校应明确信息化审计人员的管理制度。对信息化审计人员来说，应用相关审计平台和审计软件开展审计工作，是一个相对陌生的领域。审计人员该如何对这些电子文件、数字文件进行审计呢？高校应制定相关的管理制度，对内部审计人员进行规范和激励，采取一定的制度来激起审计人员的工作热情，为审计信息化提供坚实的后方保障。

3.高校审计信息化队伍建设

在审计信息化建设中，由于应用计算机软件进行工作，审计人员需要了解和掌握相关电子信息知识，更新自身的知识结构。

为更好地进行审计信息化建设，高校应积极培养内部审计队伍，提升其操作计算机的能力和技巧。

首先，拓展审计人员的学习途径。要想更好地更新知识结构、拓展知识面，就需要从多个角度进行学习，高校应为审计人员提供多种学习途径，如开展培训和讲座、组织线下和线上交流会、举办信息知识比赛等。

其次，完善审计人员的培训方式。通过定期培训、参与考试的方式，培养内部审计人员操作计算机的能力，对相关审计软件进行介绍，帮助其了解审计软件的用法，培养审计人员掌握信息化审计的方法和工具，提升内部审计工作的效率。

最后，聘请电子信息等专业的内部审计人员，这些专业的人才往往具备扎实的计算机基础知识，对各种软件的操作驾轻就熟，可以快速适应信息化审计的工作方式和手段。同时，这些专业的人才可以在潜移默化中影响其他专业的审计人员，相互促进、共同提高，最终提升信息化审计的质量。

　　总之，高校应与时俱进，积极应用现代科学技术，推进审计信息化建设深入发展，最终形成智能化、自动化的审计模式。

第二章　高校风险管理审计

俗话说"天有不测风云"，在进行经济活动时，不确定因素有很多，风险无处不在。高校通过对风险管理和风险管理审计，可以有效降低风险带来的威胁和损失，提升高校的管理水平。

本章主要对风险和风险管理的概念进行介绍，并阐述了风险管理审计的内容和基本程序等，帮助读者掌握风险管理审计的基本内容和审计方法，以更好地完成高校风险管理工作。

第一节　风险管理与风险管理审计

风险管理，从名字上就可以看出是对风险进行管理和控制。风险管理审计则是指对风险管理进行审查和评价，包括对风险管理机制、风险识别的有效性、风险应对措施的有效性进行审查和评价，以提升风险管理的效果和水平的审计方法。

本节主要介绍风险、风险管理、风险管理审计等基本概念，帮助读者更好地区分这三者，并在此基础上重点介绍风险管理审计的内容和程序，旨在提高读者对风险管理审计的理解。

一、认识风险、风险管理与风险管理审计

企业在经营过程中难免会遇到各种各样的风险，因此需要对这些风险进行管理和控制，以最大限度地降低企业损失。

在高校经营管理中，亦是如此。高校应对风险有所了解，并可以有效应对内部和外部的风险，这样才能获得长远发展。

（一）风险

1. 风险的概念

所谓风险，是指遭受危险、受到损伤或伤害等的可能性。其在不同领域中有着不同的定义。

在经济学领域中，关于风险的概念和定义可以简单归纳为三种：其一，风险是损失的不确定性；其二，风险是可能发生的危险和损失；其三，风险是实际结果和预计结果之间的差距。

在《国际内部审计专业实务框架》中，风险被定义为"对实现目标有影响的事件实际发生的可能性，风险通过影响程度和发生的可能性来衡量"。在我国的《中央企业全面风险管理指引》中，风险被定义为"未来的不确定性对企业实现其经营目标的影响"。

总之，尽管学者或机构对风险的定义有所差异，但我们仍旧可以从上述观点中找到风险的共同特征，即不确定性、客观存在性、关注损失、风险评估受主观因素影响等。

2. 风险的要素及来源

风险要素是指影响风险产生和发展的因素，包括风险条件（又称风险因素）、风险事故（又称风险事件）、风险损失三个要素。

其中，风险条件是指引发风险事故发生的条件；风险事故是指引起损失发生的直接或外在原因；风险损失是指非计划、非预期、非故意的经济价值减少的事实。

风险的来源主要有两类，分别是外部风险和内部风险。前者是指外部环境对组织目标实现所产生影响的不确定性，后者是指内部环境对组织目标实现所产生影响的不确定性，如图 2-1 所示。

外部风险

内部风险

包括国家法律、法规及政策规定变化风险，经济环境变化风险，自然灾害及意外损失风险、科技快速发展的风险，政治环境变化的风险，等等

包括组织治理结构的缺陷、组织资产的性质、资产管理的局限性、信息系统的故障和终端、组织经营活动的特点、职业道德未达到要求等

图 2-1　风险的类型及来源

3. 高校可能面临的风险

对高校而言，其面临的风险既有可能来自内部，也有可能来自外部。风险来源并不是单一的，常见的管理风险有三种。一是财务风险，在高校重要的经济活动中，其资金有可能会出现收支失衡的情况，导致高校无法偿还债款，影响高校的声誉。二是规模化风险，这是指高校在发展过程中，对相关院校或经济活动进行合并而出现的风险。在合并过程中，教职工、学生的管理工作有可能会出现困难，进而产生相关风险。三是学生管理和教育风险，在高校培养学生的过程中，高校往往承担着学生是否会被社会认可的风险等。

因此，高校在识别风险时，需要从内部和外部两个方面进行考量，以便更加全面地识别到重要的风险。

（二）风险管理

1. 风险管理的定义

对风险管理的定义，学术界至今众说纷纭，没有统一的概念。

2004 年，COSO 颁布的《企业风险管理——整合框架》中指出，"企业风险管理是一个过程，是由企业的董事会、管理层以及其他人员共同实施的……为企业目标的实现提供合理的保证"。

2005 年，中国内部审计协会颁布的《内部审计具体准则第 16 号——风险管理审计》指出："风险管理是对影响组织目标实现的各种不确定实践进行识别与评估，并采取相应措施将其影响控制在可接受范围内的过程。"

结合上述定义，我们可以简单将风险管理归纳为：企业风险管理是一个过程，是由企业的董事会、管理层以及其他人员共同实施的，其应用于战略制定及企业各个层次的活动，旨在识别并管理风险，为企业目标的实现提供合理的保证。

以此类推，在高校管理中，高校领导层和管理层亦应具备同样的风险管理能力，旨在识别和管理高校面临的风险，提升高校抵御风险的能力，切实实现高校的发展目标。

2. 风险管理的要素

风险管理具备内部环境、目标设定、事件识别、风险评估、风险对策、控制活动、信息与沟通、监督八个要素，这八个要素之间相互协调，共同构成了风险管理，见表2-1。

表2-1　风险管理的八要素

组成要素名称	组成要素内容或概念	组成要素功能
内部环境	内部环境包括组织氛围和组织结构	内部环境是风险管理的基础，会影响到战略和目标的制定、活动的设置、信息和沟通系统的运行、监督活动的设计
目标设定	包括组织整体目标和职能部门的目标两个层次	只有设定出目标，管理层才能识别影响目标实现的事件
事件识别	包括风险事件和机会事件	对内外部事件进行评估和建立反应方案
风险评估	风险评估是主体考虑潜在事件影响目标实现的程度	通过定性和定量的方式对事项进行评估，以了解事项对目标造成的风险
风险对策	风险对策是针对可能出现的风险而采取的应对策略	将风险控制在风险容忍或风险承受能力之内
控制活动	控制活动是管理层设计的政策和程序	确保所选取的风险对策可以合理实施
信息与沟通	风险信息的深度需要和组织需求一致，以便于识别和评估	传递风险信息，使得各职能部门可以各司其职
监督	包括日常监督和项目监督	监控整个风险管理及组成要素的有效性，并加以必要修正

通过上述表格，我们不难看出，风险管理是一个过程，需要八个要素同时存在并顺利运行，才能发挥出风险管理的作用。需要注意的是，通过风险管理程序并不能完全杜绝风险的发生，而是在一定程度上降低或规避某些风险。

3. 风险管理的阶段

在对风险进行管理时，根据对风险采取的行为，风险管理可以分为三个阶段，即风险识别阶段、风险评估阶段、风险应对阶段。

在风险识别阶段，需要根据组织目标、战略规划等方面对所有可能发生的重要风险进行识别；在风险评估阶段，需要对已经识别出的重要风险进行评估，包括风险发生的可能性和影响程度，这是做出风险应对决策的基础和前提；在风险应对阶段，需要针对识别出、评估出的重要风险采取应对措施，尽可能将风险控制在可接受的范围内。

（三）风险管理审计

1. 风险管理审计的概念

随着时代的变化和内部审计的发展，风险管理逐渐成为内部审计关注的重点，并逐渐形成一种新的审计模式，它不仅关注传统的内部控制，更加关注有效的风险管理机制。简单来说，风险管理审计是对高校风险管理的监督和评价，可以提升高校风险管理的效率。

风险管理审计是内部审计部门对风险管理活动进行监督和评价的审计活动，往往以风险为核心，其采用系统化和规范化的方法，对风险管理活动进行监管，并提出改进意见，最终改善风险管理。

总之，风险管理审计侧重对风险管理进行鉴证，是指审计主体对组织风险进行识别并评价风险程度，包括评价风险政策、措施的适当性、执行的有效性。

2. 高校风险管理审计的特点

为适应不断改革的市场经济体制，各高校开始扩招，并需要通过各种渠道获得资金以建设校园，这就意味着高校会面临金融风险、管理风险等众多问题，因此有必要开展风险管理审计工作。

高校风险管理审计具有前瞻性、客观性和效益性的特点，如图 2-2 所示。

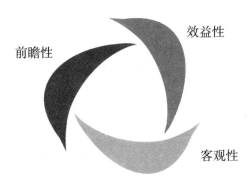

图 2-2　高校风险管理审计特点

（1）前瞻性

在对高校风险管理进行审计时，并不是单一对部门进行审查，而是对高校整体的经济活动和外部环境进行审查，逐渐由事后监督向事前监控转变，具有一定的前瞻性。

（2）客观性

由于高校管理审计具有感染性和传递性的特征，一般情况下，某个部门造成的风险后果会由其他部门承担，并会传递到更多部门，最终导致整个组织的瘫痪。而高校内部审计部门具有相对独立性，会以客观的角度对相关风险进行识别和管理，因此具有一定的客观性。

（3）效益性

高校开展风险管理审计的目的是对经济资源利用率进行审查和评价，重点是识别具有高经济效益项目的风险，监控高校风险管理部门，以采取科学有效的风险应对措施，最终降低风险造成的损失，提高高校管理水平，因此具有一定的效益性。

3. 开展风险管理审计的必要性

在高校之中，开展风险管理审计工作十分有必要，这不但是高校自身发展需要，而且符合内部审计发展的需求，主要体现在以下方面：

（1）高校风险管理的需要

不管是公办高校还是民办高校自 2002 年扩招以来都获得极大发展，其中民办高校尤为突出，建设大量新的校区。为了解决资金不足的情况，这些高校大多通过银行贷款渠道大额举债，光每年贷款利息就是一大笔开支，对高校本就吃紧的财务状况来说更是雪上加霜，某个高校财务人员将学校银行贷款利息给学校带来的压力形象比喻为"学校一天开出一辆帕萨特"。同时，特别是公办高校领导风险管理意识不强，对大额银行贷款所引发的潜在财务风险没有足够重视，在每年的预算资金安排上更多关心贷款利息是否能按期支付，至于银行贷款本金的归还认为还很遥远，不是当务之急。因此，高校银行贷款偿债缺乏科学的长期规划，很多高校都没有建立贷款本金的偿债基金。另外，有些公办高校领导层对银行贷款本金偿还盲目乐观，认为高校资产都是国家的，即使以后出现资金困难，政府也不会坐视不管，应该会出台化债政策，所以对高校自身偿债能力的科学论证和长期规划并没有引起他们的重视，这样一来高校无疑将会面临巨大的财务风险和规模化风险。因此，高校开展风险管理审计工作非常有必要。通过风险管理审计工作，高校可以更好地识别风险、应对风险、控制风险，最大限度降低风险造成的损失。

（2）内部审计发展的需求

内部审计的目的是改善组织经营，同时提升组织的价值，这和风险管理审计的理念不谋而合。因此，开展风险管理审计是内部审计的内在需求。

随着高等教育体制的不断完善，教育风险管理审计的地位逐渐提升，其在国家审计从属关系中逐渐脱颖而出，人们也意识到进行风险管理审计的重要性，这为高校风险管理审计提供了重要的发展机遇。

总之，无论从内在需求还是外部要求来说，高校开展风险管理审计具有重要的意义。

二、风险管理审计的内容

对风险管理进行审计是高校内部审计的职责之一，这可以有效提升高校风险管理能力。

风险管理可以从组织整体和职能部门两个层面进行。在对风险管理进行审计时，内部审计人员同样可以对组织整体的风险管理或职能部门的风险管理进行审查和评价，以提升高校风险管理的有效性，其内容包含以下三个方面，如图2-3所示。

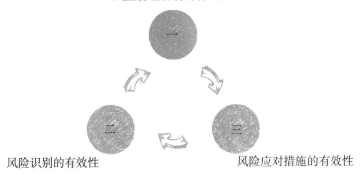

图 2-3 风险管理审计的内容

（一）风险管理机制的合理性

风险管理机制是确保高校进行风险管理的基础和前提，良好的风险管理机制可以降低或避免风险的发生。

因此，内部审计人员需要对风险管理机构、风险管理程序、风险预警系统等进行审查和评价，以确定风险管理机制的有效性和健全性。其审查和评价内容如下。

（1）审查风险管理机构

高校应根据自身规模、管理水平、风险程度等实际情况，建立规范化的风险管理组织机构，并针对风险产生的原因和阶段灵活进行调整，这样才能更好地对风险进行管理。

在进行风险管理审计工作时，内部审计人员需要对风险管理机构的健全性进行审计，包括风险管理机构的设置和人员配置情况等，以确保高校可以对风险进行有效管理。

（2）审查风险管理程序

所谓无规矩不成方圆，对风险进行管理需要依据一定的管理程序，而管理程序的合理性意味着风险管理的有效性。

因此，高校内部审计部门或人员应对风险管理程序的合理性进行审查，以确保风险管理的规范性和合理性。

（3）审查风险管理预警系统

风险管理预警系统是对风险进行提前管理的基础，需要该系统对风险提前发出预警，这样才能确保风险管理人员可以识别出潜在的风险。

因此，高校内部审计部门应对风险管理预警系统设计的科学性和运行的有效性进行审查，以确保风险管理顺利进行。

（二）风险识别的有效性

风险识别是一个过程，是指对高校面临的或潜在的风险进行判断、归类并加以鉴定的过程。

内部审计部门的主要职责是施加必要的审计程序，审查和评价风险识别过程的有效性，即风险管理部门能否准确识别到潜在的或已经发生的风险，这是衡量风险管理部门的评价指标。同时，通过审查和评价风险识别的有效性可以保证风险识别过程更加科学合理。

因此，内部审计人员在对风险识别的有效性进行审查和评价时，应当重点关注以下内容，如图 2-4 所示。

风险识别原则的合理性

评估风险识别的充分性

风险识别方法的恰当性

图 2-4　审查风险识别有效性的重点

1. 风险识别原则的合理性

内部审计人员应重点关注风险管理部门对风险识别的原则，并对其进行审查和评价，以确保可以更好地识别出具有重大影响的风险。

2. 风险识别方法的恰当性

风险管理人员通过实地调查、走访调查等方式对各类风险（保留尚未发生的和已经存在的风险）进行识别、归类和鉴定，这是风险管理的基础。

内部审计人员需要对风险识别方法的恰当性进行审查，可以综合应用多种方法，如决策分析、可行性分析、流程图分析、统计预测分析、因果分析等，通过这些方法可以对风险识别方法是否恰当做出相关分析和评判。

3.评估风险识别的充分性

内部审计人员在评估风险识别的充分性时，可以从战略风险、运营风险、财务风险以及信息风险四个层次对风险识别的充分性进行审查，以此评估风险识别的范围是否足够全面，确保关键风险不会被忽略。

需要注意的是，内部审计人员在对风险识别的有效性进行审查时，需要分析风险管理部门是否将各类风险识别方法结合使用，只有这样，才能更加准确、全面地识别出高校面临的风险。

（三）风险应对措施的有效性

所谓风险应对措施，是指从风险管理工具中挑选出可以降低风险损失或取得风险报酬的集合，包括回避、接受、降低、分担等几个方面。

内部审计人员需要对风险应对措施的有效性进行审查，以保障组织目标的顺利实现，降低高校面临的风险损失。

在进行审查时，内部审计人员可以将现在采取的风险应对措施和最佳实务对比，得出两者之间的差距，进而分析出现有措施的有效性。当然，内部审计人员也可以将现有的风险应对措施的实际情况和预期情况进行对比，进而评估风险应对措施的有效性。

第二节 内部审计在风险管理中的作用

内部审计和风险管理的关系十分密切。一方面，内部审计是风险管理的手段和方式；另一方面，风险管理是内部审计的新领域和内容。

内部审计强调确认经营风险是否可以得到有效管理，是对风险、目标以及战略管理程序的关注，旨在通过风险管理提升组织整体管理的水平。内部审计在风险管理中的作用如下。

一、全面客观地进行风险管理

风险在高校内部具有一定的综合性、复杂性以及隐蔽性。有时某个职能部门由于缺失风险管理带来的后果并不由自身承受，而是会将风险带来的后果进行传递，由下游部门承担。例如，采购部门如果忽视对材料品质的检查或购买到有缺陷的材料，这种风险往往会由使用者（学生或教职工）进行承担，最终给高校造成巨大的损失。

高校对风险的控制管理需要从整个系统的角度进行综合考虑，而对内部审计部门来说，其并不从事具体的业务活动，和其他职能部门没有直接的利益关系，可以更加客观且全面地对风险进行识别和评估，从而及时地对风险管理部门进行反馈，以便风险管理部门及时采取适当的措施来规避风险。

二、调控和指导高校的风险策略

内部审计部门处于高校的管理层和职能部门之间，可以充当高校决策的参谋和助手，通过监督和审查活动项目，以有效指导和调控高校的风险策略。内部审计人员往往将风险管理的评价作为审计重点，可以从以下两个方面对风险管理进行评估。

（一）评价风险管理目标的完成情况

在风险管理过程中，内部审计可以指导高校制定出有效应对风险的策略，这主要是指对风险管理的控制，即通过评价风险管理目标的完成情况得到有效的信息，见表2-2。

表2-2 评价风险管理目标信息

风险管理目标内容	风险管理目标完成情况
风险管理结果	评价风险管理结果是否充分和及时
管理层应对措施	评价管理层对风险的分析是否全面有效
风险监控报告制度	评价风险监控报告制度是否恰当
管理层的自我评估	直接测试或实地考察管理层的自我评估是否恰当
风险管理薄弱环节	评估风险管理相关薄弱环节是否存在

（二）评价高校领导层选择风险管理方式的适当性

每所高校的具体情况不同，其所选择的风险管理方式自然也有所差异。一般来说，规模较大、具备相应实力的高校可以采用定量的方式对风险进行管理，而规模较小、实力较弱的高校则可以采用定性的方式对风险进行管理。

内部审计人员则需要对高校风险管理方式进行评价，审查其管理方式是否恰当。

第三节 高校风险管理审计案例分析

风险管理审计是高校内部审计的重要组成部分，是高校治理不可或缺的管理手段，在高校治理中发挥着重要的职能和作用。

近年来，我国高校在风险管理审计方面进行了不懈探索，由于各高校实际情况不尽相同，因此在风险管理审计工作进度的推进落实的程度上也是参差不齐。有些高校已经开展风险管理审计工作，从结果来看，虽还存在一定的不足，但取得的成效也是有目共睹的。下面对S大学风险管理审计工作进行介绍，包括S大学的背景和存在的风险及类型，并对S大学采取的风险管理审计措施进行分析，以便更好地帮助高校开展风险管理审计工作。

一、S高校开展风险管理审计的背景

风险管理审计是沿着内部审计和管理实践两方面发展的，这是指内部审计人员在充分了解内部控制系统的基础之上，通过一定的审计手段和技术等，审计人员对被审计单位存在的风险和程度进行判断和评价，并针对风险管理方面存在的不足进行改进，最终将风险损失降低到可接受水平。

根据《内部审计具体准则16号——风险管理审计》中相关条文，内部审计机构和人员应当充分了解组织的风险管理过程，审查和评价其恰当性和有效性，并提出改进意见。该法规政策体现着国家和政府对风险管理审计的重视程度，因此高校应重视并积极推进风险管理审计工作，以促进高校事业目标的实现。

近年来，中纪委对国家机关、企事业单位进行专项巡查，对所发现问题的整改实行跟踪整改落实机制。高校作为重要的企事业单位，为国家输送着高端人才，自然成为巡查的重点。通过对这些高校整改情况的通报，不难发现，高校潜在的风险并不少，其存在于高校管理的方方面面。在这样的背景下，S大学在风险管理审计方面进行了相关实践，将审计风险点落脚到高校管理方面，并具体探索了风险管理审计的实施措施和效果，构建了高校风险管理审计的评价体系，旨在提升高校对风险的管理水平。

二、S 高校经济活动中的主要风险

在 S 高校，诸如基建工程、采购设备、出租场地等各种经济活动几乎每天都在发生。这些经济活动的开展或多或少都会给高校带来违规风险或财务风险等，其风险存在的方面及其原因如下。

（一）高校经济活动风险存在的方面

在十八届中央巡视中，北京市纪委监察部官网对巡视反馈情况进行了公布，从中我们不难发现，高校经济活动的风险主要存在于以下几个方面，如图 2-5 所示。

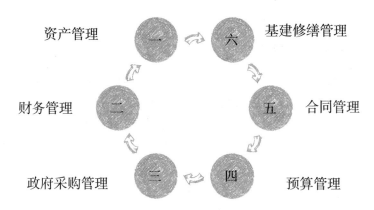

图 2-5 高校经济活动风险存在的方面

除此之外，在高校对下属单位管理、内部控制管理等方面也会存在管理不到位的问题，导致出现违规使用资金或违规管理的风险。总之，在高校进行经济活动时，存在管理不规范的问题，导致出现各种已经存在或潜在的风险。最终高校财产安全受到威胁，蒙受损失。

（二）S 高校风险管理存在问题的原因

S 高校通过对高校具体情况的审视，发现本校在以下方面存在诸多问题，这些问题会导致高校面临一定的风险，因此对风险进行管理十分有必要。

1.内部控制制度不规范

首先，在高校内部控制制度设计方面，尤其是创收、投资管理、基本建设、信息公开等方面，不少高校缺乏相关的管理制度，这为逾规破纪提供了可能。

其次，三重一大决策机制虽已建立，但未能得到有效落实。根据教育部《关于进一步推进直属高校贯彻落实"三重一大"决策制度的意见》（教监〔2011〕7号）、《省委教育工委省教育厅关于进一步推进学校贯彻落实"三重一大"决策制度的意见》（苏委教〔2017〕10号）关于公办高校凡属重大决策、重要人事任免、重大项目安排和大额度资金运作（以下简称"三重一大"）事项必须由党委集体研究决定的要求，S高校虽能结合学校实际制定本实施办法，但在实际实施过程中却存在诸如重大事项在提交集体决策之前缺乏广泛深入细致的研究和必要的民主程序论证，领导班子成员之间、部门之间沟通和酝酿不充分，以至于有些领导参会时对会议决策事项知之甚少，甚至完全不知情，决策过程搞一言堂，民主决策机制落实不到位等情况。

最后，S高校风险管理欠缺，没有成立专门的风险管理部门。各职能部门、二级学院的关注点一般都在本部门业务正常开展层面，其对经济业务中存在风险点的梳理、识别、管控没有引起重视，甚至就没有关注过，更不用说建立风险预警机制或风险来临时将风险损失降到最低的应急处置了。这样的管理模式为腐败分子提供了可乘之机，这很容易造成高校的经济损失。

2.预算管理、财务管理不规范

（1）预算管理

在预算管理方面，高校存在以下三个方面的风险。

①项目支出前期论证不充分，即在启动项目之前，高校对项目的可行性和必要性论证不足，由此造成后期项目的执行率低，形成资产大量闲置或财政专项资金被收回的现象。

②科研经费管理不规范，在科研经费下达、使用、结算等环节缺少相应的流程手续，由此导致科研经费管理比较随意，存在套用、串用、混用、挪用科研资金，甚至用于个人消费等情况。

③专项经费管理不规范。专项经费的使用执行进度慢，执行率低，专项经费大量结余，存在随时被财政收回的风险。同时，存在挤占和挪用专项经费、虚列会议费、差旅费形成账外账、体外循环、隐形"小金库"的风险。

（2）财务管理

在高校财务管理方面，存在以下三个方面的风险：一是"三公"经费的管理和审批手续不严格，不少高校存在超标准、超规模举行会议的情况，而在进行财务审核时程序并不严谨，不能进行严格把关，导"三公"经费超标；二是创收资金管理不规范，S高校认为创收资金属于高校的自有资金，因此在使用和管理方面比较随意，存在超标准、超范围的风险；三是财务报销和审核把关不严格，S高校财务每天的业务量非常大，财务人员严重不足，且知识更新滞后，再加上老龄化严重，特别是审核岗位基本每天都处于超负荷状态，同时基层财务人员在学校的获得感和认可度不高，职称晋升有瓶颈等多种因素的存在和持续发酵直接影响了财务工作的质量。

3. 政府采购管理不严谨

高校在进行采购管理时，通常存在两个方面的风险：一是违反招投标程序，即在高校的工程项目中，存在未按照规定程序进行公开招标、投标和补标等现象，为贪污腐败提供了条件；二是对设备采购程序的监管不到位，即在采购高校设备时，缺乏必要的监督程序和机构，这为违规操作提供了机会。

4. 资产管理不到位

在高校之中，有很多有形或无形的资产，如果不能对这些资产进行有效管理，就会形成一定的风险。

首先，在教学仪器、设备、耗材等出入库管理方面，高校的监管并不到位，不少高校缺乏必要的验收和出入库监管，导致国有资产流失。

其次，在设备采购前期的论证审批方面，高校的监督管理亦有所不足。某些高校在购买大型设备时，缺乏前瞻性和计划性，有时由于是临时决策采购来不及做前期论证，或已做的前期论证也仅仅是为了满足审批流程的规范性，至于前期论证可能仅仅是一个提交的书面材料而已。这样的前期论证只能是一个形式，不可能做到科学、充分的论证，由此引发购买的部分设备出现闲置或使用率较低的情况，最终造成国有资产浪费。

最后，在资产出租出借方面，S高校的管理并不严格，相关人员并未严格遵守学校国有资产相关的管理规定，擅自或以各种名义变相出租高校的房产、设备，且存在租赁过程和程序不规范、租期偏长，租金偏低的情况，导致国有资产损失。

5.基建工程管理不规范

随着高校的扩招，高校的基建工程日益增多，但高校对此进行的管理和监督有所不足，这会导致形成违规风险和资产风险，主要体现在以下方面。

首先，在高校基建和修缮项目中，存在拆分项目规避招标、规避监管而肢解发包、直接指定施工单位等违规现象，而高校对此缺乏相应的管理机制和监督机制。

其次，在高校基建工程项目中，存在个别施工方长期垄断、个别装潢公司长期依附、先开工后立项的现象，而高校对这些现象没有给予高度关注，导致高校资产蒙受损失。

6.高校合同管理不规范

在高校合同管理工作中，存在合同签订不规范、未严格按照合同条款履行的问题，前者主要体现在合同签订审批手续不完整（指合同会签表）、合同签订日期、印章使用日期、审批表日期倒挂、二级部门未经授权对外签订合同、对软件开发等软性项目未签订经济合同、关键条款、核心技术参数描述不清晰或不精准等，这些将导致一旦发生法律纠纷，高校的合同缺乏支撑力度；后者主要是指未按照合同条款支付款项或未严格按照合同交付时间进行交付，由此导致高校承担违约的风险。

除此之外，高校在对下级所属单位的监管、审计资源的利用等方面存在不到位的情况，这些都会对高校造成一定的违规风险和财务风险。

三、S高校风险管理审计实践

针对高校风险管理中存在的问题和原因，S高校客观公正地看待本校的实际情况，并找到风险审计的落脚点，积极制定出有效的措施，并取得一定的成效。

（一）S 高校风险管理审计的落脚点和措施

通过对高校自身存在的风险进行分析和研究，S 高校决定从高校内部控制、预算管理、资产管理、专项资金管理等方面出发，落脚到 20 多个具体的风险点，制定出风险管理审计的计划，其措施和审计风险点如下。

1. 内部控制管理方面

在高校内部控制方面，S 高校将审计风险点落脚到内部控制制度设计的科学性和运行有效性方面，采取以下措施：一是制定相关的审查和评价制度；二是关注相关制度的执行情况；三是关注对附属单位管理制度的制定情况。

2. 基建工程方面

在高校基建工程方面，S 高校将审计风险落脚到以下两个方面。

①关注基建工程是否存在规避招标、投标监管和肢解发包的情况。

②关注高校固定资产的转固情况。

为顺利且有效进行风险管理审计，高校可以采取以下措施：一是关注高校基建项目工程的发包情况；二是关注高校已经完工的项目工程资产的转固情况。

3. 资产管理方面

在 S 高校资产管理方面，其应重视 S 高校资产的保护和充分应用，其审计风险点落脚在以下四个方面。

①关注高校是否有明显的资产闲置情况或使用率较低的设备等。

②关注高校自身的固定资产的出租或出借情况，并关注出租收入的处理情况。

③关注高校资产招租过程、资产租赁价格的形成过程和程序、租期长短，重点关注其资产对外招租过程是否规范，诸如有没有经过招投标，租金确定是否足够合理，合同租期是否符合民法典规定等。

④关注高校固定资产的管理情况，对其分布、使用、处置情况是否有足够的掌握，特别是校友、合作单位等外界各方捐赠的资产。重点关注捐赠资产的保管、使用、处置等环节的规范性。

针对以上审计风险点，高校针对具体情况采取合适的措施，其措施如下：一是针对高校长期闲置或长期使用率低下的固定资产，采取相关的措施进行资产盘活，可以采取对外出租或鼓励教职工使用；二是针对高校出租收入，制定相关的出租程序和出租收入管理制度，使得出租程序更加规范、出租收入更加合理和透明；三是关注高校分次付款的固定资产，包括图书、软件等的入账情况。

4. 政府采购方面

在政府采购方面，S高校的审计风险点落脚在以下四个方面。

①关注修订后招标或投标制度和政府采购制度的履行情况。

②关注高校医药品的采购流程。

③关注高校是否存在未执行公开招投标的情况。

④关注高校是否有违反招标程序的现象。

针对上述审计风险点，S高校应采取相关措施：一是关注《招投标管理办法》，严格遵守其规章制度，并关注其履行情况；二是关注高校药品采购程序、流程以及公示情况；三是关注高校存在于价格节点的招投标项目；四是关注敏感性的招投标项目。

5. 财务报销管理方面

高校在财务报销方面，S高校在审视自身情况后，将风险审计点放在以下几个方面，包括公务招待费、出国出境费、培训费、会议费、差旅费、劳务费、图书资料费以及委托业务费，并针对这些费用的报销问题制定相关的程序和措施，使之更加合规、合理，以避免贪污腐败现象的发生。

6. 合同管理方面

在合同管理方面，S高校的审计风险点的落脚点如下。

①合同管理是否足够规范。

②大额合同、处置合同是否严格按照合同条款履行。

③高校是否有应签订而未签订合同的情况。

针对上述审计风险点，S高校主要采取以下措施：一是制定相关的流程和制度，确保合同签订流程的合理性和规范性；二是关注相关处置合同的成果，制定相关制度确保其如期处置；三是确保对发生金额虽未达到合同签订金额标准的，但有可能造成人身安全事故或重大经济损失的业务的合同签订工作。

7. 专项资金和科研经费管理方面

在专项资金方面，S高校的审计风险点重点放在项目支出前期的论证方面，并重点关注大额核销情况。S高校制定相关的制度和程序，以保证项目顺利开展，最大程度避免资产闲置情况的发生。

在科研经费管理方面，其审计风险点重点放在是否存在与科研项目无关的个人消费，并制定严格的审核报销制度，以确保科研经费使用的合规性、有效性。

8.附属单位管理方面

在附属单位管理方面，S高校将其审计风险点的落脚点放在以下几个方面。

①关注附属单位的管理制度的制订情况。

②关注附属单位的返还费用、资源使用费缴纳和利润上缴是否及时、足额。

③关注与附属单位之间的合同以及执行情况。

针对上述审计风险点，高校应采取相关措施，以确保附属单位可以制定科学合理的管理制度、及时足额上缴利润、更好的执行合同条款。

总之，S高校落脚到审计风险点之中，积极采取措施降低各种风险的出现概率及由此引发的损失，积极建设高校风险管理审计。

（二）S高校风险管理审计的成果

S高校高度重视风险管理审计，通过整改和落实相关措施后取得以下成果。

首先，S高校通过促进高校职能部门的问题整改，提升了其履职质效。通过对高校现有的风险管理进行审查和评价后，其审计报告结果有所应用，主要体现在以下几个方面：如果审计报告中指出的问题仅涉及单个部门，相应部门负责落实整改，内审部门则负责后续追踪；如果审计报告中指出的问题涉及多个部门，S高校则根据问题的性质确定牵头部门，由其牵头负责协调相关部门落实整改；如果审计报告中指出的问题涉及高校整体的风险，S高校则可以根据工作需要开展专项审计。

其次，完善高校的制度建设。将风险管理审计纳入内部审计制度，以确保内部审计部门可以独立进行风险管理评价，这在一定程度上完善了内部审计制度的健全性和规范性，提升了审计工作的质量。

最后，降低高校的财产损失。通过对审计风险点的监控，并制定风险管理审计措施，S高校有效降低了财产损失，使得高校的资产得到有效利用，并提升了资金使用效益。

总之，S高校通过采取风险管理审计措施，不仅促进了高校职能部门的问题整改，提升了其履职质效，同时完善了高校的制度建设，有效降低了高校的风险损失，这对我国高校风险管理审计的应用具有一定的参考价值和意义。

第四节　加强高校风险管理审计对策

对高校来说，高校风险管理审计工作具有重要的作用和价值，其可以保障高校健康有序发展，抵御各种风险的冲击，降低风险带来的损失。为加强高校风险管理审计的效果和水平，高校可以采取以下措施，以帮助高校增强风险管理能力，如图2-6所示。

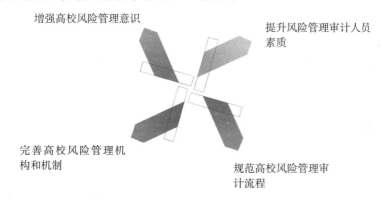

图 2-6　加强高校风险管理审计对策或措施

一、增强高校风险管理意识

风险管理审计在内部审计中占据独一无二的地位，不仅可以审查、监督和评价整个风险管理的过程，还可以以客观公正的视角提供相关管理意见。为增强高校风险管理意识，可以采取以下措施。

首先，高校领导层和管理层应重视风险管理，并树立风险意识，从运营、财务报告、高校战略等层面看待高校风险管理，将风险管理纳入高校治理的范畴。高校领导层和管理层的推动作用可以有效促进高校风

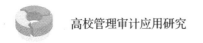

险管理审计的发展。

其次，高校应加强风险意识的宣传，通过宣传帮助高校教职工了解风险管理的重要性，并采取相关措施鼓励教职工发现存在的风险或潜在的风险。例如，高校可以出台相关措施，对及时发现重大风险的教职工给予物质奖励和精神奖励，以促进教职工树立风险管理意识。

最后，高校内部审计部门应重视对风险管理的审计，通过对风险管理的审计工作，及时发现高校面临的重要风险，并对风险管理提出相关建议，不断完善高校在风险管理方面存在的不足。

总而言之，无论是高校领导层还是广大教职工，都应该树立风险管理意识，从战略的角度出发，重新审视风险管理的重要性。

二、完善高校风险管理机构和机制

完善的治理机构是开展风险管理审计工作的前提和基础。如果高校没有相关的风险管理机构，则很难对风险管理进行系统的审计，即使其勉强开展风险管理审计工作，也只能是徒有其形。因此，高校应该建立健全风险管理机构，即建立独立的风险管理部门，并制定相关的管理机制对该部门进行管理。

在风险管理审计工作中，为尽量避免高校出现管理失误和漏洞、重大风险等情况，高校应建立一定的审计程序和方法等，以此对风险管理制度设计的科学性和运行有效性进行审查和评价，以确保审计资源得到科学合理的利用。

三、规范高校风险管理审计流程

尽管目前国家和政府颁布了很多相关法规政策（如《内部审计人员职业道德规范》《内部审计基本准则》等）对内部审计的程序和方法等进行规定，制定出内部审计职业规范体系，但在风险管理审计方面，仅有少数规定和风险管理审计密切相关，这意味着高校在风险管理审计方面没有充分的制度依据和成熟的经验可以参考和借鉴，需要"摸着石头过河"，独自探索相关审计流程。

首先，高校不仅要借鉴我国最新的内部审计成果，还应当借鉴国际中的先进理念和方法，正所谓"他山之石可以攻玉"，高校可以从其他学校的经验中进行借鉴，以完善自身的风险审计管理。例如，哈佛大学的办学资源充盈，其具备雄厚的资金实力。面对巨额的经费管理，哈佛大学构建出完善的风险管理审计体系，该体系有效地保障大学的资金安全，为全世界的大学树立典范。高校可以借鉴哈佛大学的做法，规范风险管理审计流程。

其次，高校在借鉴其他大学的风险管理审计工作时，不可以盲目照搬，应禁止"拿来主义"，而是应充分结合高校自身的实际情况，制定出符合自身情况的风险审计流程，使得风险管理审计流程更加切合实际。

四、提升风险管理审计人员素质

审计人员的专业程度是风险管理审计能否有效开展的基础，是风险管理审计质量的保证。如果高校缺乏专业风险管理审计人员，审计工作效率和质量很难得到保证。因此，高校应采取某些提升审计人员的综合素质的措施，使之可以更加专业地进行风险管理审计工作。

首先，为丰富高校审计人员的知识、拓宽其知识领域，高校可以通过邀请风险管理领域的专家对审计人员进行业务培训，也可以通过兄弟院校同行之间的交流、学习（走出去、引进来）等方式，以提升审计人员的风险管理能力。

其次，为优化高校审计人员的队伍结构，高校应积极聘请管理、法律、工程技术等方面的人才，使得审计队伍结构向多元化、复合型的人才结构转变，这样可以适应多种类型的审计工作。

最后，对风险管理审计人员来说，其应具备风险管理审计的技能。因此，高校应为内审人员创造更多参加相应技能培训活动的机会，重点对风险管理审计技能进行培训，最好能参加风险管理审计实操培训，以提升内审人员对风险管理审计工作的驾驭能力。

第三章　高校内部控制审计

内部控制审计是内部审计的重要内容之一，其包括内部环境审计、风险评估审计、控制活动审计、信息与沟通审计、内部监督审计五部分。通过内部控制审计，高校可以有效提高内部控制体系的水平和质量，使得高校管理更加有条不紊。因此，开展高校内部控制审计成为内部审计发展的必然趋势，是高校内部审计工作健康发展的必然选择。

本章主要介绍了内部控制和内部控制审计的概念和特点等基本知识，并对高校内部控制审计的内容和现状进行深入剖析，并提出加强高校内部控制审计的建议和对策。

第一节　高校内部控制和内部审计

高校的顺利运行离不开内部控制，通过内部控制可以有效提升高校的管理水平，确保高校稳定且规范的运行。内部审计的审计领域广泛，包括对高校内部控制进行审查和监督，其对有效提升高校内部控制的水平，具有十分重要的意义和作用，内部控制评价是对高校内部控制进行评价和监督，同样可以提升高校内部控制的水平和效率。

本节主要介绍了高校内部控制和内部控制审计的基本概念，厘清高校内部控制和内部控制审计的关系。

一、高校内部控制

随着高校办学自主权的不断扩大，高校领导的权力逐渐加大，如果不对高校领导权力加以有效约束，将会对高校的发展产生不利影响。因此，需要建立科学的权力运行监督机制，以确保高校稳定、规范的运行。

内部控制可以保障权力的规范运行，是高校防止内部权力滥用的有效手段，是建立科学合理的监督体系的重要方式。

（一）高校内部控制概念

内部控制是指单位为实现控制目标，采取制定制度、执行程序、实施措施等手段，对经济活动进行防范和控制的系统。

所谓高校内部控制，是指高校内部管理体系中建立的自我协调、自我约束的控制系统，主要是对高校经济活动和权力运行进行监督和控制，起到保障高校业务活动有序进行、财务会计信息真实可靠、高校资金安全完整、降低经营财务风险、提升资金使用效益等作用，是不可或缺的控制系统。

（二）高校内部控制原则

高校内部控制的建设应当遵循以下原则，如图 3-1 所示。

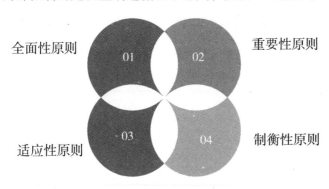

图 3-1 高校内部控制的原则

1. 全面性原则

所谓全面性原则是指内部控制应实现对经济活动和权力运行的全面

控制，并始终贯穿于高校经济活动和管理活动的全过程（包括决策、执行和监督），以做到全面监控高校经营管理活动，具体包括以下三个方面。

①贯穿高校活动全过程。

②涵盖高校全部业务。

③高校所有人员参与。

2. 重要性原则

重要性原则是指在完成对高校全面控制工作之后，内部控制应关注高校重要的经营管理活动，并对其可能产生的重大风险进行监控，即关注重要活动和活动风险。

3. 适应性原则

所谓适应性原则是指高校内部控制的建设应当符合高校自身的实际情况和国家相关规定，并根据外界环境的变化和高校内部的变化，及时进行修订和完善，以做到因地制宜、因时制宜，具体包括以下两个方面：一是内部控制制度应当符合法律规定和实际情况；二是内部控制制度应当不断修订和完善。

4. 制衡性原则

制衡性原则是指在内部控制体系中，高校应当在各个方面形成相互制约和监督的工作机制，以更好地实施内部控制。其中，在岗位设置、业务流程、职责分工等方面应重点设置，形成制衡的机制和局面，这样才能避免"徇私枉法"现象的出现，具体包括以下三个方面，如图 3-2 所示。

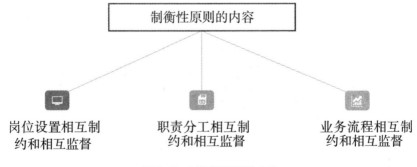

图 3-2　制衡性原则的内容

（三）高校内部控制目标

对高校而言，通过内部控制不仅可以促进高校治理水平的提高，还可以强化高校公共服务的效能，具有十分重要的意义和价值。高校内部控制的目标如下。

1. 合法合规

高校内部控制最基本的目标就是合法合规，无论是高校的经济活动还是权利运行，都必须在法律法规允许的范围内，禁止各类违法违规行为。

合法合规目标是其他目标的前提和基础，如果不能实现这个目标，那其他目标就更加无从谈起。因此，高校应当通过制定政策和程序，对相关法律法规要求的事项进行规范，并将合法合规列为内部控制的首要目标，这样才能最大程度确保高校各项活动的合法合规。

2. 资产安全

高校的资产管理从来都是高校管理中的重点和难点，要想加强高校的资产管理，维护高校资产的安全和完整，就必须严格控制资产管理的环节，包括资产验收入账、资产采购预算、资产采购实施、资产配置标准、资产使用和盘点等各个环节。

在高校内部控制中，资产安全目标则强调了对高校资产的安全有效利用，对资产使用效率的高要求，以更好地保障高校资产的安全和有效。因此，高校内部控制需要做到落实资产安全这一目标。

3. 信息准确

信息准确的目标强调高校要提供真实、完整、可靠的会计报告和相关信息，因为这些准确信息可以真实、完整地反映出高校的运行管理和预算执行情况，为高校决策提供可靠的依据。因此，高校内部控制应实现保证提供的信息准确这一目标，以有效监督高校运行管理和预算执行情况。

4. 预防腐败

预防腐败是高校内部控制的重要目标之一。对高校内部控制而言，其最基本的原则就是权利制衡，通过内部控制的制衡机制，对高校的各个业务层级和组织层级进行有效制衡和监督，进而有效预防腐败的发生。

5. 提高效率

通常来说，高校会在坚持"一要吃饭，二要建设、量入为出，收支平衡"的总体原则下编制学校年度综合财务预算。坚持统筹兼顾合理安排的原则，在优先保证人员经费和学校正常运行所需经费的前提下，各部门同心协力采取有效措施，控制一般性开支，保证学校安排的重点项目费用支出，努力实现学校财务收支平衡，充分发挥预算的引导和监督作用。在这一过程中，高校需要通过内部控制来提高经费使用效率，即需要内部控制有效监督和控制资金的分配，做到财权和事权的统一。因此，提高效率是高校内部控制的重要目标之一。

（四）高校内部控制要素

在高校内部控制系统中，其组成要素有五个，即内部环境、风险评估、控制活动、信息与沟通、内部监督，如图 3-3 所示。

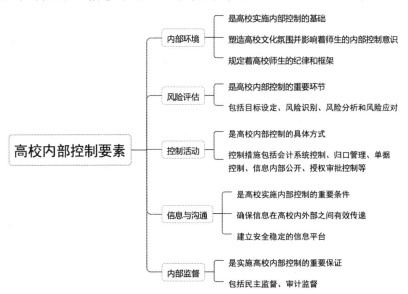

图 3-3　高校内部控制要素

在高校之中，内部控制系统的这五大要素相互作用，形成不间断的闭环循环，为高校稳定有序运行提供着良好的保障和基础，是高校建立和实施内部控制所不可或缺的重要一环。

二、高校内部控制与内部审计关系

内部审计是高校内部控制的组成部分，而内部审计需要对内部控制进行审计和评价，两者相互依存，关系紧密。可以说，内部控制是内部审计的钥匙和敲门砖。

（一）内部审计是内部控制的组成部分

内部审计是内部控制的组成部分，这一点在很多法律法规中都有所体现，见表3-1。

表3-1　国内法规关于内部审计和内部控制的关系阐述

法规名称	颁布时间	颁布单位	颁布内容
《行政事业单位内部控制规范（试行）》（财会〔2012〕21号）	2012年11月29日	财政部	内部审计部门或岗位应当定期或不定期检查单位内部管理制度和机制的建立与执行情况……发现内部控制存在的问题
《教育部关于做好〈行政事业单位内部控制规范（试行）〉实施工作的通知》（教财函〔2013〕142号）	2013年12月5日	教育部	内部审计监督部门要定期通过审计报告、审计建议书等形式……促进内部控制规范有效执行
《高等学校财务报表审计指引》（会协〔2014〕71号）	2014年12月9日	中国注册会计协会	最常见的对控制的监督活动之一是内部审计

通过上述相关法律法规，我们可以看到，内部审计是内部控制的组成部分，对内部控制具有重要的作用。

（二）内部审计是内部控制的再控制

通过内部审计可以提升高校内部的治理水平和效率，从这个角度来说，内部审计也可以看作一种控制，其属于内部控制的组成部分。同时，内部审计业务领域逐渐拓展到高校内部控制，需要对内部控制进行审计和评价，从这个角度来说，内部审计可以看作内部控制的再控制。

在高校之中，各个部门都有相关的内部控制流程和内部控制评价体系，可对本部门的内部控制进行自我评价，属于部门内部的自查自纠，但难免会出现纰漏，内部审计部门独立于职能部门之外，可以从外部对部门的内部控制进行全面评价，做到查漏补缺，提升部门内部控制的健全性和有效性，主要表现在以下方面。

1. 事前预防

俗话说未雨绸缪，凡事提前做好准备，总比事后弥补取得的效果要好。通过提前做好预防措施，可以有效避免损失的发生，是十分明智的举动。而内部审计就可以起到事前预防的作用。

内部审计部门通过对部门的内部控制制度设计的科学性和运行的有效性进行审查和评价，可以客观地发现疏漏和局限之处，找到控制流程中的风险点，在风险来临之前，采取有效的措施，最终消弭灾祸于无形之中。

2. 事中控制

内部审计不仅具有事前预防的作用，且具有事中控制的重要功能。主要体现在以下方面。

高校各个部门的内部控制建设和运行情况并不平衡，而内部审计可以促进内部控制体系的完善和发展。例如，高校内部各个部门建立的时间不同、内部控制体系的完善程度各不相同，对那些新成立的部门来说，内部审计部门对其进行内部控制评价时，可以发现内部控制过程中的缺陷，进而起到事中控制的作用。

3. 事后控制

内部审计不仅可以起到事前预防、事中控制的作用，同时具有事后控制的功能，主要体现在以下方面。

首先，内部审计部门需要对各职能部门的内部控制自我评价进行再次评价，即评价被审计部门的自我评价，以第三方的立场帮助各个部门进行事后控制。

其次，内部审计部门需要对各个部门在内部控制中出现的问题、缺陷、应对措施等进行总结，并提出改善部门内部控制的建议，然后集中报告给高校领导层、反馈到各个部门之中，这无形之中达到事后控制的效果。

通过事前、事中、事后的管理，内部审计部门可以形成监督的有效循环，不断促进部门内部控制系统健全，最终形成有效的闭环监管系统。

综上所述，内部审计和内部控制是一种相互交融的发展关系，两者相辅相成，可以看作孪生兄弟，前者是后者的敲门砖，后者是前者的钥匙，两者共同促进高校治理水平提升。

（三）内部控制是内部审计的前提

对内部审计人员来说，控制既是一种机会，也是一种责任。胜任的内部审计师有一个芝麻开门的秘诀……各种控制都是使力量得以有效发挥的手段[①]。

布林克认为，控制评价时内部审计人员的执行秘诀，审计人员通过对各专门领域的内部控制进行审查和评价，可以有效渗透到组织内部，发现组织内部存在的问题和缺陷。

自人类有历史以来就具备内部控制，内部控制存在经营管理活动的方方面面，通过内部控制，组织内部的各项事务和业务才能有序运转，完成相关的任务或目标。内部审计人员要想真正打开内部组织的"秘密"，就必须从内部控制入手。从本质上来说，无论是经济责任审计、工程项目审计、财务审计、管理审计，都是内部控制这块土地上的树苗。

综上所述，审计人员要想真正走进审计的大门，就必须了解和掌握内部控制，内部控制是内部审计的敲门砖和钥匙，具有重要的作用。

第二节　高校内部控制审计

健全的高校内部控制审计可以保障高校健康稳健运行，在高校党风廉政建设、内部管理体制改革方面具有重要的作用和意义。

本节主要介绍高校内部审计的概念、发展、作用、方法、流程等基础知识，并对高校内部控制审计的内容进行阐述，旨在帮助高校全方位开展内部控制审计，真正实现内部控制审计全覆盖。

---

① 劳伦斯·索耶.现代内部审计实务（上）[M].汤云为.等，译.北京：中国商业出版社，1990：48.

一、高校内部控制审计内涵

内部控制审计，从字面上很容易理解，是指对内部控制体系进行审查和评价的过程。那么，对高校而言，内部控制审计的定义是什么呢？对高校又起着什么样的作用呢？

（一）高校内部控制审计的概念

中国内部审计协会曾经发布《第 2201 号内部审计具体准则——内部控制审计》文件，并在该文件中明确内部控制审计的定义——"内部控制审计是指内部审计机构对组织内部控制设计和运行的有效性进行的审查和评价活动"。

在《企业内部控制审计指引》（财会〔2010〕11 号）文件中，第三条规定．"在实施审计工作的基础上对内部控制的有效性发表审计意见，是注册会计师的责任"。

因此，可以认为，高校内部控制审计是指内部审计部门为促进完善内部控制所进行的了解、测试以及评价活动，其目标是保证高校内部控制体系的健全性和有效性。

内部控制审计是针对业务流程开展的审计行为，重点关注流程设计是否足够科学合理、行为是否规范、其设计的流程是否有效遵守。因此，内部控制又被称为"内部控制的再控制"。其中，按照审计范围划分，可以分为全面内部控制审计和专项内部控制审计。

1. 高校内部控制审计的发展

（1）中国内部控制审计的发展历程

内部控制审计在我国发展较晚，直至 1996 年，中国注册会计师协会才初步探索对内部控制审计，即"应当研究与评价被审计单位的内部控制"[①]。随后，中国证监会、财政部、中国人民银行等机构发布一系列规定和文件，诸如《证券公司内部控制指引》（证监法〔2001〕15 号）、《内部会计控制规范——基本规范（试行）》（财会〔2001〕41 号）、《商业银行内部控制指引》（〔2002〕第 19 号）等，这些文件或法规均对内部控制

---

① 《独立审计具体准则第 9 号——内部控制与审计风险》（会协字〔1996〕456 号）第五条规定。

审计提出规定和要求，即要求内部审计部门对内部控制制度的执行情况进行评价和审查，并提出改进建议，这为内部控制审计提供了法律依据。

综上所述，我国内部控制审计始于1996年，至今不过20多年的时间，没有必要划分内部控制审计的发展阶段。实际上，我国法规要求注册会计师介入内部控制的时间较早，然而在实践中的时间比较晚，因此我国的内部控制审计制度建设还比较缺少经验。

（2）高校内部控制审计尚未起步

对行政事业单位而言，内部控制的建设是从财政部发布《行政事业单位内部控制规范（试行）》（财会〔2012〕21号）才得到大力推广的，在实践方面尚不完善。

2015年，教育部发布《教育部关于直属高校加强内部审计工作的意见》（教财〔2015〕2号），并在该意见中提出"推动内部控制审计，切实加强风险防控"，随后又发布《教育部直属高校经济活动内部控制指南（试行）》（教财厅〔2016〕2号），为高校内部控制的建立和实施提供完整框架，并规定了内部控制审计的应有职责。

2017年，财政部发布《行政事业单位内部控制报告管理制度（试行）》（财会〔2017〕1号），该文件要求各个单位按照规定的格式编制本单位内部控制建立和实施情况的总结性文件，这为高校进行内部控制审计提供着上位依据。

综上所述，我国高校内部控制审计处于初步发展阶段，是高校内部审计领域的转型发展方向之一。

（三）高校内部控制审计要素

在企业或事业单位之中，内部审计部门应遵循相关内部控制的规章制度，针对内部控制的五大要素（内部环境、风险评估、控制活动、信息与沟通、内部监督）进行审计，并对这些要素进行审查和评价，以提升组织内部控制系统的有效性，内部控制审计的内容如下。

1. 对内部环境进行审计

在对组织的内部环境进行审计时，应当以《企业内部控制基本规范》为依据，对企业或事业单位的内部环境进行审查和评价，具体包括以下方面，如图3-4所示。

图 3-4　企业内部环境审计的内容

总之，在对组织的内部环境要素进行审计时，应涵盖企事业单位的方方面面，尤其是内部的制度、组织架构等内部结构。对高校的内部环境要素审计时同样如此。

2. 对风险评估进行审计

高校在对风险评估要素进行审计时，应当以相关规章制度（如《风险评估管理规定》）为依据，结合高校内部控制的实际情况，对高校日常管理活动中的风险评估进行审查和评价，包括高校内部控制中的目标设定、风险识别、风险分析、应对策略等。

3. 对控制活动进行审计

高校在对控制活动要素进行审计时，除了遵循相关法律法规之外，还应结合本组织内部控制系统存在的问题，对活动控制的设计、运行情况以及有效性进行审查和评价，以促进内部控制系统的完善。

4. 对信息与沟通进行审计

高校在对信息与沟通要素进行审计时，应当以各项应用指引中的内部信息传递、信息系统、财务报告等作为依据，重点对信息沟通的有效性进行审查和评价，以更好地促进内部控制系统的信息沟通，其具体内容如下。

①信息收集处理和传递的及时性。

②财务报告的真实性。

③反舞弊机制的健全性。

④信息系统的安全性。

⑤信息系统实施内部控制的有效性。

5. 对内部监督进行审计

高校在对内部监督要素进行审计时，应当以各项应用指引中的日常管控规定作为依据，对本组织内部监督机制的有效性进行审查和评价，尤其是关注审计机构、审计委员会、监事会是否发挥应有的监督作用，是否保障内部控制系统的有效运行。

总之，在内部控制审计工作中，高校应从单位层面和业务层面出发，针对高校的各项活动（如采购业务、资产管理等）进行审查和评价。

（四）高校内部控制审计内容分类

和企业相比，高校的组织架构、运行方式等都有所不同。因此，其内部控制审计的侧重点和内容自然也不相同。对高校而言，内部控制审计应当重点关注重要业务单位、业务事项以及高风险领域等方面的内部控制，建立预警机制，采取针对性措施，这样才能有效避免高校面临的各种风险，做到防患于未然。高校内部控制审计内容类型有所不同，因此可以按照要素分类和业务分类进行划分。

1. 按照要素分类进行划分

在进行内部控制审计工作时，审计人员可以按照高校内部控制的要素进行审查和评价，根据《中国内部审计准则》的规定，需要对内部控制的五要素进行审查和评价，其内容如下。

（1）内部环境要素

在审查和评价高校内部控制的内部环境要素时，应当重点关注高校内部的组织架构、发展战略、社会责任、人力资源等内容，并在遵守相关法律法规的基础上，结合高校自身的内部控制实际情况，对高校内部环境进行公正客观的审查和评价。

（2）风险评估要素

在对高校内部控制的风险评估要素进行审查和评价时，审计人员应当重点关注高校日常管理中的风险识别、风险分析和应对策略等，并结合高校自身内部控制的实际情况，对其进行审查和分析。

（3）控制活动要素

在对高校内部控制的控制活动要素进行审查和评价时，审计人员应当重点关注控制活动的设计和运行情况，并结合高校自身的内部控制情况，对其进行审查和分析。

（4）信息与沟通要素

在对高校内部控制的信息与沟通要素进行审查和评价时，审计人员应当重点关注高校信息收集处理、高校信息传递的及时性、高校财务报告的真实性、高校信息系统的安全性、高校反舞弊机制的健全性、高校信息系统实施内部控制的有效性，并结合相关的法律法规和高校的实际情况，以对其做出客观公正的审查和评价。

（5）内部监督要素

在对高校内部控制的内部监督要素进行审查和评价时，审计人员应当重点关注内部监督机制的有效性、审计委员会等是否在内部控制的设计和运行中发挥监督作用等，并结合高校内部控制的实际情况，以对其进行客观公正的审查和评价。

2.按照业务分类

根据《中国内部审计准则》的相关规定，在企业开展内部控制审计时，可以根据管理需求和业务活动的特点，对业务层面内部控制的设计和运行情况进行审查和评价，具体包括采购业务、资产管理、工程项目、研究与开发、业务外包、财务报告、合同管理、全面预算、信息系统等。

同样，在对高校开展内部控制审计工作时，审计人员也可以按照业务对事项进行分类，然后进行内部控制审计，具体包括采购业务、工程项目、教学与科研、财务报告、信息系统等。

根据《教育部直属高校内部控制制度（试行）（征求意见稿）》，对高校进行业务层面的内部控制审计提出了要求和规定，并指出应当重点关注的内容和方面。

（1）风险评估的重点内容

在高校进行经济活动时，从业务层面出发，其风险评估应当重点关注以下几个方面，如图3-5所示。

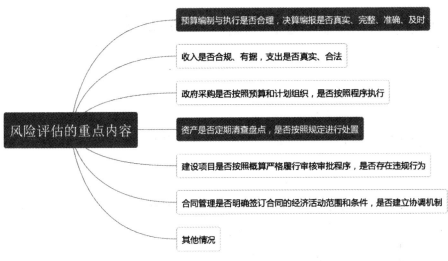

图 3-5　高校进行风险评估的重点内容

（2）内部控制建立的有效性

审计人员在对内部控制建立的有效性进行审查和评价时，应当重点考虑以下四个方面的内容。

①内部控制建立的合理性和合法性。

②内部控制建立的全面性。

③内部控制建立的重要性。

④内部控制的适应性。

（3）内部控制执行的有效性

审计人员在对内部控制执行的有效性进行审查和评价时，应当重点关注以下四个方面的内容。

①各个业务控制是否按照规定运行。

②各个业务控制是否持续一致运行。

③相关的内部控制机制、措施、内部管理制度等是否有效执行。

④业务控制的相关人员是否具备必要的能力和资格。

综上所述，高校内部控制审计的内容可以按照要素和业务进行分类，为更好地对高校内部控制的设计和运行进行全方面审查与评价，可以在单位层面按照要素分类进行审查和评价，然后再根据业务分类进行审查和评价，实现分层次、系统化进行审查和评价。

二、高校内部控制审计作用、方法和流程

（一）高校内部控制审计的作用

1. 有利于完善高校内部控制

根据国家和政府的内部控制规范要求，高校应积极开展对内部控制设计的科学性和运行的有效性的审查和评价，并编制内部控制审计报告。

通过内部控制审计工作，即根据规定的程序和权限对高校内部控制进行审查，可以发现内部控制体系的局限和不足，进而对其缺点进行改正，最终完善高校内部控制环境和系统。

2. 有利于加强高校内部治理

通过高校内部控制审计，可以有效促进高校建立健全内部控制体系，进而科学合理监督和控制高校的经济活动和权力运行，促进高校依法办事和廉政建设，从而达到高校内部治理的目标。

总之，通过对高校内部控制系统的审查和评价，可以完善高校管理体系，进而有效维持高校稳定运转，提升高校内部治理水平。

3. 有利于改进高校风险管理

通过高校内部控制审计，可以对高校经济活动进行有效监督，保证高校资金和财产的安全和完整，防范和规避高校内部财务风险和经营风险，减少高校利益的损失。

不仅如此，通过高校内部控制审计，还可以提升高校内部控制的质量和水平，进而促进高校内部的建设和管理，帮助高校管理者认识到风险管理的重要性，进而全面改进高校风险管理。

4. 有利于高校内部审计转型

在高校之中，内部审计和内部控制的关系十分密切，两者相辅相成、相互促进。

对高校内部控制建设来说，内部审计部门发挥着至关重要的作用，可以起到信息沟通和咨询、监督和评价的作用，促进高校实现内部控制高质量发展。对高校内部审计来说，通过高校内部控制可以促使其向服务主导方向转型，增强内部审计部门的服务和管理职能，有利于高校内部审计转型。

（二）高校内部控制审计的方法

高校在进行内部控制审计工作时，可以采取个别访谈法、问卷调查法、穿行测试法、实地查验法等审计方法收集证据，并对高校内部控制进行评价，如图3-6所示。

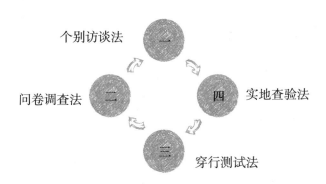

图3-6　高校内部控制审计方法

1. 个别访谈法

通过个别访谈法可以很好地了解高校内部控制的现状，在高校层面和业务层面评价有重要的作用。需要注意的是，在访谈之前，内部审计人员应当根据内部控制评价的需求列出访谈提纲、撰写访谈纪要，并注意记录访谈的内容，以便作为证据。

2. 问卷调查法

通过问卷调查可以很好地了解高校职工的想法和情况，主要用来从高校层面做出评价。需要注意的是，内部审计人员在应用问卷调查法时，应最大限度扩大对象范围，最好包括高校各个层级的员工，其题目应简单易答。

3. 穿行测试法

所谓穿行测试法，是指在内部控制流程中任意选择一个事项，然后追踪该事项的整个过程，即从该事项的最初起源到财务报表整个过程进行追踪，以了解采取的控制措施的有效性，识别出关键的控制点。

4. 实地查验法

实地查验法是指内部审计人员到现场或实地进行查验的办法，主要针对业务层面的控制。例如，内部审计人员可以使用统一的测试工作表，然后和实际的业务单证进行核对，最后到实地盘点某种存货，这样可以有效检测出内部控制系统的有效性。

总之，在高校内部控制审计中，除了上述审计方法，还有比较分析法、抽样法、专题讨论法等审计方法，内部审计人员应根据具体情况灵活进行选择。

（三）高校内部控制审计的流程

高校内部控制审计的流程可以分为四个阶段，即准备阶段、实施阶段、评价阶段以及报告阶段，在不同的阶段，内部审计人员具有不同的任务和职责，具体如下。

1. 准备阶段

内部控制审计是一项独立的审计业务，主要用来优化内部控制体系。因此，当内部审计人员准备开展内部控制审计业务时，应当明确本次内部控制审计工作的具体目标、对象和范围，并在此基础之上，对内部审计人员进行职责分工，成立内部控制审计小组，制定出初步的内部控制审计计划。

2. 实施阶段

内部控制是由单位和业务两个层面的内部控制共同组成的，因此要开展内部控制审计工作，就离不开组织层面和业务层面的协助。

在开展内部控制审计工作时，审计小组应当针对具体的审计目标，重点关注组织层面和业务层面的控制措施，同时尽量减少对其他控制措施的审查和评价，以得到较为客观公正的审计结果。在内部控制审计实施阶段，审计小组可以采用实地访谈法、文件资料查询法、穿行测试法等多种审计方法，有侧重地获取高校内部控制的设计和运行方面的充分证据，最终更好地支撑内部控制审计的结论。

3. 评价阶段

对高校内部控制缺陷而言，按照不同的层面，可以分为设计缺陷和运行缺陷；按照不同的影响程度，则可以分为一般缺陷、重要缺陷以及重大缺陷。

在对高校内部控制体系进行审查和评价时，内部审计人员需要对高校内部控制体系做出相关的评价，对其内部控制体系的缺陷进行判定。

因此，在内部控制审计评价阶段，审计小组应当对获取的充分性证据进行分析和总结，使用确定的标准对内部控制体系缺陷和不足进行判定，并对其产生的影响进行评价。

4. 报告阶段

当内部控制审计工作基本完成之后，审计小组应当按照一定的格式和要求撰写内部控制审计报告，其内容包括总体情况、审计目标、审计依据、审计范围、审计程序、审计方法、内部控制缺陷以及整改情况等。

需要注意的是，审计小组应当针对内部控制的缺陷和相关业务部门进行积极沟通和探讨，包括整改方向、整改的具体情况、针对重大缺陷采取的措施等，最终给出切实可行的完善内部控制的建议和措施。

三、内部控制审计和内部控制评价

内部控制评价是对内部控制设计和执行有效性的评价，是内部控制的重要组成部分。

（一）高校内部控制评价内涵

内部控制评价是指董事会或类似权利机构对内部控制的有效性进行全面评价，形成评价结论，并出具评价报告的过程。

内部控制评价是促进内部控制系统改进的重要反馈渠道，是内部控制过程中承前启后的关键环节，可以及时纠正管理活动的偏差，涵盖所有内部控制领域，包括战略、运营、财务报告、合法合规和资产安全。完整的内部控制评价系统包括调查、设计、执行、评价和改进五个方面。

同样，在高校中亦可分为内部控制评价和内部控制审计两大方面，可以从不同的方面和角度对高校进行评价，以提升高校治理能力和水平，实现治理现代化。

1. 高校内部控制评价的主体

在高校内部控制评价中，评价主体是指实施内部控制评价的机构或人员，评价主体不同，其评价视角和结果亦有较大差异。因此，在高校进行内部控制评价时，需要注意其评价的主体。

一般而言，内部控制评价的主体分为外部评价和内部评价，前者是以注册会计师为主体，侧重于鉴证领域的内部控制评价；后者以高校内部审计机构为主体，由管理层和领导层参与，侧重于管理领域的内部控制评价。

在以注册会计师为主体的高校内部控制评价中，由于注册会计师并不了解高校的具体情况和特点，虽然其有较强的独立性、客观性、专业性等优势，但存在的不足和短板也非常明显。同时以注册会计师为主体开展的高校内部控制评价往往是事后评价，无法从根本上改变或提高高校的治理水平。因此，高校内部控制评价应以内部审计部门为主，管理层和全体教职工广泛参与，实现内部控制评价主体多元化。

2. 高校内部控制评价的客体

在高校内部控制评价中，客体是指内部控制的实施对象，即对什么内容进行评价。

从时间范畴看，内部控制是一个动态的过程，贯穿在高校日常的业务活动中，因此内部控制评价亦应作为过程进行建设；从空间范畴看，内部控制是对高校办学活动的全面控制，包括资金、收入、投资等各个方面，因此内部控制评价应当拓展到高校所有活动。

3. 高校内部控制评价的标准

评价标准是判断评价结果优劣的标尺，通常包括一般标准和具体标准。前者包括内部控制的完整性、合理性和有效性三个方面；后者是以评价内部控制具体细节设计和执行情况的判断标准，两者相辅相成、密不可分。

一般标准为具体标准提供引导、指明方向，具体标准则为一般标准提供科学合理的度量，为评价工作提供操作工具。

目前，高校中内部控制评价一般是由财务进行。但财务也是内部控制一部分，这显然不具备足够的独立性，会影响评价结果的公正性和客观性，因此应该由内部审计机构进行评价。

4. 高校内部控制评估指标体系

高校内部控制评价指标是内部控制的重要组成成分，通过内部控制评价指标可以更好地评价内部控制的运行和设计情况，从而提升高校内部控制的水平和质量。因此，在选择相关的评价指标时需要考虑全面，使得指标科学合理，这样才能促进内部控制的完善。

由于高校内部控制评价体系兴起较晚，其评价指标尚有不完善的地方，因此可以采用模糊评价法对其进行构建，即对所要评价的内容按照不同因素进行划分，并通过模糊评价法构建评价模型，见表3-1。

表3-1　内部控制评价指标体系

高校内部控制要素	控制内容	评价指标
控制活动	控制方法	会计系统控制、财产保护控制、绩效考评控制等
	预算管理	预算管理目标是否长远、编制方法是否科学
内部监督	民主监督	是否对高校内部控制作出有效评价
	高校内部审计	是否具有独立性、审计人员素质是否达标
信息沟通	内外沟通	是否建立财务信息披露制度
	会计信息系统	会计信息是否完整、有无缺陷
内部环境	组织文化	是否制定合理的财务管理制度、是否建立内部控制监督制度等
	组织结构	高校领导层是否可以胜任其职、是否存在没有必要的领导岗位
风险评估	风险控制	是否建立有风险管理部门和运行机制等
	风险预警	高校负责人是否有风险意识

因此，可以将企业内部控制评价与内部控制审计理念引入并结合高校实际构建符合高校需求的内部控制评价指标体系和内部控制审计评价指标体系，从而实现科学内部控制评价和科学内部控制审计。

（二）内部控制审计和内部控制评价关系

企业内部控制评价是企业进行"自我体检"的有效方法和手段，是指企业董事会对各类内部控制目标的全面评价，需要在内部控制评价报告中出具内部控制的有效性结论；而内部控制审计则是进行"外部体检"的方法和手段，是指注册会计师侧重对非财务报告中内部控制的重大缺陷等级进行确认、评价，并分析缺陷形成原因，提出改进内部控制建议，两者的区别和联系如下。

1. 内部控制评价和内部控制审计的联系

内部控制评价和内部控制审计的对象相同，都是紧紧围绕内部控制进行的，对内部控制的五要素进行审查和评价，两者的工作程序基本一致，存在内在的关联性，最终结论的得出往往依赖于同样的证据。

同时，两者的最终目的相同，都是通过评价内部控制的有效性来促进内部控制的不断完善。

2.内部控制评价与内部控制审计的区别

首先，两者的责任主体不同。内部控制评价的责任主体是企业董事会或类似的权利机构；内部控制审计的责任主体是注册会计师。其中，某些企业董事会可能会将内部控制评价工作委托给内部审计机构，但其责任主体依旧不会发生改变。

其次，两者的性质不同。内部控制评价是企业内部管理层对内部控制的自我评价，是一种相对独立的服务业务；内部控制审计是注册会计师对企业内部控制的鉴证活动，是一种"外部"评价。

最后，两者的评价目标不同。内部控制评价是企业董事会对各类内部控制目标实施的全面评价；内部控制审计是注册会计师对财务报告内部控制目标实施的审计评价。

综上所述，内部控制评价和内部控制审计相辅相成，既相互联系又有所区别，两者共同对内部控制体系进行监督和评价，具有重要的作用和意义。

第三节　高校内部控制审计面临的机遇和挑战

高校内部控制审计的目的是健全高校内部控制体系，提高内部控制执行质效，进而提升高校治理水平。

现阶段，高校内部控制体系建设的科学性和运行的有效性尚需不断健全和完善，在预防和惩治腐败方面亦有所不足。因此，深化高校内部控制体制改革，加强高校内部控制审计的建设，是高校的当务之急。

一、高校内部控制审计面临的机遇

对高校而言，实施内部控制审计既是高校自身发展的需求，更是高校内部审计转型发展的重要内容。可以说，内部控制审计是高校内部审计的转型导向和目标。目前，高校内部控制审计面临着重大的发展机遇，一方面国家和政府高度重视内部控制审计的发展，另一方面高校内部审计的手段有着重要的改变，其为推进内部控制审计提供了极大的便利。

（一）国家政府的支持

2006 年，国资委明确要求中央企业建立和完善内部控制体系，充分发挥内部审计在内部控制中的作用，此后，企业开始探索内部控制审计，取得了显著的成果。

教育部、审计署不断出台相关文件拓展内部审计的业务类型，不仅象征着内部审计部门的转型（即向管理审计转型），还意味着高校内部审计应当逐渐承担起规范管理活动、防范经济风险、增进发展质效的职责。

2014 年，中国内部审计协会发布《中国内部审计准则》，为内部控制审计提供了具体的操作细则，明确了内部控制审计的程序和方法。

2015 年，教育部颁布了《教育部关于加强直属高等学校内部审计工作的意见》（教财〔2015〕2 号），并在该文件中指出"推动内部控制审计，切实加强风险防控"，至此，内部控制审计成为高校内部审计的重要业务领域。

2016 年教育部发布了《教育部直属高校经济活动内部控制指南（试行）》（教财厅〔2016〕2 号），在该文件中指出"成立由内审部门或相关部门牵头组成的内部控制监督检查工作小组……对学校内部控制的完善性、有效性等做出评价"，并明确了高校内部控制框架构成的 15 个方面，为高校内部控制的实施提供了整体遵循框架。

从上述法规文件可看出，国家政府和教育系统越来越重视高校内部控制审计，并为高校开展内部控制审计工作提供了法律依据和操作细则等，当高校内部审计部门将内部控制审计纳入审计工作范畴，高校内部控制审计常态化将成为必然趋势。

（二）审计手段的改变

随着信息技术的不断发展和成熟，互联网技术、大数据技术逐渐被应用到高校的各个领域，内部审计自然也离不开科技浪潮。

高校审计手段也逐渐由手工操作向运用计算机、网络信息技术处理的方式转变，并应用大数据技术建设内部信息审计平台，将高校各个职能部门的审计信息进行集成，这极大便利了审计信息的搜集和处理，主要体现在以下方面。

①审计信息的查询更为便利。如果审计人员需要报表信息、财务信息等，就不必去职能部门索要，只需在信息平台进行检索和查询即可。

②审计项目向"集约式"转变。内部审计人员可以将单个项目的审计放在审计信息平台之中，然后集合所有的审计项目，进行统一的管理。

③便于监督各个职能部门的工作动态。内部审计人员可以利用信息网络技术及时查询、收集审计信息，对被审计部门的内部控制进行审查和评价，能大大提高工作效率，减少人力物力消耗。

总之，现代科学技术的发展为高校内部控制审计提供了极大的便利，使得内部控制审计也变得更加简单易操作。

（三）高校内部审计机构独立性增强

很长一段时间，高校内部审计部门或是和纪检部门、监察部门等合署办公，或是作为其他部门的内设机构存在，没有专职内审人员，其独立性有待加强。

随着高校管理机制的不断发展和完善，高校领导越来越重视内部审计组织机构建设，审计人员队伍建设，由此成立了专门的高校内部审计机构，并配置相应的专职审计人员，为高校开展审计工作提供了极大的便利。

同时，高校内部审计部门的独立，使得审计人员能独立进行审计监督，可以以客观公正的职业态度进行审计工作，改变以往内部审计部门受制于高校管理层的状况，更好地发挥内部审计部门的监督职能。

综上所述，高校在开展内部控制审计工作方面，不仅要把握好各方面的发展机遇还要时刻做好面临巨大挑战的准备。目前，无论是从国家政策角度，还是从高校自身发展的要求看，高校开展内部控制审计工作已是必然趋势。

二、高校内部控制审计面临的挑战

虽然高校内部控制审计存在诸多发展的机遇，但也不能忽视高校内部控制审计面临的挑战，如内部控制目标、内部制度建设、内部控制领域等方面的问题即是体现。

（一）内部控制目标方面的挑战

建立健全内部控制体系是高校提升管理水平、科研能力的内在条件和重要保障。

目前，我国高校发展十分迅速，其组织结构日益扩大，经费来源日益多元化，因此高校需要制定各种措施和制度以规范和指导高校内部各个部门的行为和工作，这就意味着高校需要构建出完整且系统的内部控制体系。然而，由于高校缺乏明确的内部控制目标，因此高校面临着各种各样的挑战，主要体现在以下方面。

首先，高校内部控制目标不明确，各个部门在制定内部控制机制和制度时，很容易在方向上有所偏颇，导致部门的内部控制目标难以和学校办学总体目标保持一致。那么，在这样的情形下，高校就更难明晰自身内部控制的目标和要求。

其次，高校内部控制目标不明确，内部审计部门在对内部控制进行审计和评价时，就缺乏正确的方向，很难对内部控制设计的科学性和运行的有效性做出准确的判断和评价，其内部控制审计结论和建议也难以发挥作用。

综上所述，高校缺乏明确的内部控制体系目标是高校开展内部控制审计工作最大的"拦路虎"。

（二）内部控制制度方面的挑战

在高校内部控制管理中，内部控制制度的健全和优化问题一直困扰着各高校，其是制约高校内部控制实现高质量发展的一个重要因素。

高校内部控制制度不健全，不仅会影响高校各个部门的有效管理，还会引发一系列挑战，主要体现在以下方面。

首先，内部控制审计是内部控制的一部分，内部控制制度不健全，会直接影响到内部控制审计的进行，使得内部控制审计制度依据不充分、措施不到位，缺乏对经济活动的有效监督和评价，导致高校内部出现资金控制不力、项目建设质量难以保证等情况。

其次，审计部门在开展内部控制审计工作时，由于内部控制制度不健全，其对内部控制建设的科学性和运行的有效性就难以开展全面系统的审查和评价，在对内部控制体系的评价上就会有欠缺和不足，影响审计工作的进行。

（三）系统关键控制点方面的挑战

对任何一所高校来说，其教育资源、科研资源、资金资源都是有限的，如果在进行内部控制审计工作时，没有抓住系统的关键控制点，就不能在短时间内全面了解高校内部控制体系的现状，造成高校资源的浪费。

在进行高校内部控制审计工作时，尤其是初步阶段，审计部门或小组往往难以把握系统的关键控制点，无法判断容易出现差错和问题的事项，给审计工作带来了极大的挑战。这方面的挑战则主要体现在以下方面。

首先，无法确定重要的关键控制点。对任何内部控制审计工作而言，总会有重要的控制点和不太重要的控制点，如果对所有的控制点都"一视同仁"，就无法发现影响高校内部控制体系的重大缺陷和差错，最终只能是处处重要，无法突出重点领域、重点环节，直接影响高校内部控制审计质量。

其次，内部审计部门难以合理安排内部控制审计工作的重点和时间，更不用说有效整合审计资源了，这无形之中增加审计人员的工作量，使得审计人员无法从某些次要控制点中解放出来，浪费了审计工作的人力资源。

（四）高校内部控制领域"内卷化"现象严重

"内卷化"作为一种新兴现象正逐渐扩散到社会的各个领域。内卷化的内涵可简单地表述为"没有增长的发展"。高校内部控制审计的高质量发展离不开高校高质量的内部控制。但目前高校内部控制仍停留在"经济活动业务层面的控制为主""内控建设以制度建设、业务流程梳理为主"的"没有增长的发展"状态中。发展是个动态过程，去"内卷化"就是打破瓶颈发展到更高水平、更高质量的动态过程。只有注重推进高校内部控制制度建设和运行的高质量，才能实现内部控制审计的高质量，有效降低和防范各类风险，确保高校各项活动良性运行，助推高校治理体系、治理能力现代化建设。

①高校内部控制仍停留在以"经济活动业务层面的控制为主"。虽然财政部印发了《行政事业单位内部控制规范（试行）》（财会〔2012〕21号），教育部发布了《教育部直属高校经济活动内部控制指南（试行）》（教财厅〔2016〕2号），但高校内部控制仍停留在以"经济活动业务层面的控制为主"的层面。[①] 比如基建工程、物资采购问题的高发源头往往在招投标，但招投标却未纳入内部控制范畴；比如招生领域腐败高发，但招生管理也不在内部控制范畴。人事管理、校办企业、继续教育、两地教育等亦存在同样的问题。

②高校内部控制建设仍停留在以制度建设、业务流程梳理为主的层面。高校更多关注对内部控制制度、业务流程设计的科学性、完善性以及执行的有效性，对内部控制评价的科学性以及结果运用关注较少，所以内部控制建设的高质量和内部控制的高质量提升有限。

③高校缺乏科学的内部控制评价体系。高校目前内部控制评价过程中存在许多问题，比如谁来评价、怎么评价、评价内容如何确定、评价指标体系如何构建、评价结果怎么运用等。目前在于内部控制相关的规定中，其对内部控制评价体系缺少明确详细的判断，尤其内部控制评价指标的科学设计、指标权重的科学设定是需迫切解决的问题。[②]

第四节　加强高校内部控制审计的建议

高校内部控制审计对提升高校治理水平具有非常重要的作用，为加强高校内部控制审计的发展，高校可以采取构建内部控制审计的框架、建立健全内部控制审计的流程等措施，如图3-7所示。

---

① 乔春华.再论高校财务高质量发展：高校财务领域去"内卷化"研究［J］.会计之友，2022（2）：152-156.

② 乔春华.高校财务治理研究［M］.南京：东南大学出版社，2021.

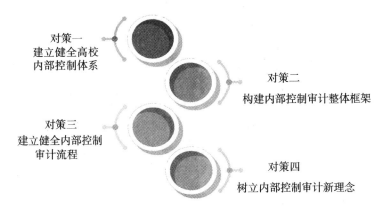

对策一
建立健全高校
内部控制体系

对策二
构建内部控制审计整体框架

对策三
建立健全内部控制
审计流程

对策四
树立内部控制审计新理念

图 3-7　加强高校内部控制审计的建议

一、建立健全高校内部控制体系

高校内部控制审计的开展以高校内部控制体系的建设为基础。可以说，没有高校内部控制体系，就没有高校内部控制审计。因此，高校首先应建立健全内部控制体系，完善内部控制的制度和流程，形成完整的内部控制体系。对此，可以从以下几个方面着手。

（一）加强对内部控制工作的领导

目前，高校内部控制体系，是高校高效稳健运行不可或缺的重要体系和机制，其发挥着越来越重要的作用。

高校应当采取强有力措施，加强对内部控制工作的领导，建立由校党政主要领导人、职能部门负责人、院系负责人等组成专门的内部控制领导小组，并由该领导小组负责内部控制制度的建设、实施、组织协调等工作，保障高校内部控制体系建设可以顺利进行。

当然，为加强对内部控制工作的领导，高校还可以邀请相关专业人员或机构对高校自身的内部控制体系进行梳理，完善内部控制的流程，以全面、客观、合理地审视高校内部控制的不足，防止出现"不识庐山真面目，只缘身在此山中"的情况。

（二）调动高校内部各部门的积极性

建立健全高校内部控制体系，需要对内部控制机制进行测试、评价和监控，以及时发现问题、反馈问题、解决问题。

在健全和完善高校内部控制机制的过程中，要调动高校其他管理部门的力量，通过自我检查、自我审计等方式，及时发现自身内部控制方面的问题，采取相应措施，自身内部控制机制不断完善。

当然，为激发高校内部各个部门完善内部控制机制的积极性，高校还可以制定相关奖惩措施，如对在内部控制建设方面有突出贡献的部门和个人给予物质和精神的奖励，对部门领导进行表彰等；对在内部控制建设方面消极应付甚至拒不配合的部门和个人给予物质和精神的惩罚，对部门领导由其分管校领导进行谈心谈话等。

总之，高校应当制定针对性配套制度并采取有效措施调动各个部门的力量和积极性，以便更好地建立健全内部控制机制。

二、构建内部控制审计整体框架

我国高校内部控制审计还处于初步探索阶段，无论是相关审计流程还是制度体系等都尚未明确，需要不断进行完善和改进。因此，高校需要从高校治理的角度出发，构建出内部控制审计的指导性框架，以保障内部控制审计体系的建立和优化。

（一）制定内部控制审计指导框架

首先，要突破仅针对业务本身进行审计的不足，关注高校整体的内部控制环境、风险管理与应对、信息与沟通等对业务活动的影响，识别具体控制中的深层次问题。高校要积极探索以控制为主线，以风险为导向，且涵盖内部控制制度设计和执行的全过程的审计，并对内部控制存在的缺陷和不足提出预警和改进建议。

其次，实现内部控制审计向服务主导型转型，即对审计监督和服务的职能进行调整，科学合理地定位高校内部控制审计职能，实现审计理念、审计职能、审计目标、审计方式、审计内容、审计手段的"六个转变"，审计工作由被动防御为主转变为积极控制为主。

最后，将内部控制审计的目标放在提升管理水平、降低风险成本、增加组织价值上，将重点放在组织内部管理、决策和效益服务等方面，通过内部控制审计提升高校治理水平，维护高校资产安全。

（二）完善内部控制审计体系

在高校内部控制审计体系中，仍旧存在有这样或那样的问题，因此可以借鉴他国的成功经验和成熟方法，并和我国高校内部控制审计的实际情况结合，扬长避短，进一步完善高校内部控制审计体系，可以从以下几个方面进行。

①规范内部控制审计管理。完善内部控制审计体系，首先要规范内部控制审计的管理，实现内部控制审计程序的规范化，避免内部控制审计工作的随意性。

内部控制审计工作要明确审计流程与规范，相关细则可以在审计工作基本规范的基础上增加说明，内部审计人员即可根据规范说明进行内部控制审计工作。

②改进内部控制审计的方法。传统的审计方法如抽样调查法、实地考察法等，主要围绕被审计对象的业务活动流程和控制措施，虽然可以有效掌握业务活动的控制情况，但并不全面。因此，高校审计人员可以积极探索内部控制审计的新方法，大胆将头脑风暴法、SWOT 分析法、层次分析法等应用到内部控制审计，创新内部控制审计的方法，提高内部控制审计的效率和质量。

（三）建立内部控制审计信息平台

计算机技术等科技手段，不仅可以有效保障高校内部的信息沟通顺畅，还有助于内部控制审计工作的开展。因此，高校可以加强计算机手段的应用，建立内部控制审计信息平台。

首先，内部审计部门建立内部控制审计信息平台，为高校内部控制提供咨询服务，及时发布高校管理层批复的内部控制审计报告，促进相关职能部门及时改善内部控制系统。

其次，在内部控制审计信息平台中及时收集各个职能部门或各个院系的内部控制执行的真实信息，确保内部控制系统的有效运行。

总之，内部控制审计信息平台的建立将会为审计工作带来极大的便利，提升内部控制审计的工作效率和水平。例如，我国某些高校应用审计信息平台，对内部控制审计信息进行全面的数据分析，建立了内部控制审计的审计模板，审计人员只需将数据输入该平台之中，即可得出结论，大大提升了内部控制审计的工作效率。

三、建立健全内部控制审计流程

对内部控制审计流程而言，应包含审前准备、审计实施、审计报告和后续审计三个阶段，这样才能做到全过程监督。

（一）审前准备阶段

在审前准备阶段，高校应当为审计实施提供基础的保障，包括成立审计小组、编制项目审计方案、确定内部控制审计的范围和重点等。例如，高校在对财务管理部门进行内部控制审计时，应当在内部控制审计正式实施之前，对财务管理部门的相关情况进行了解，诸如财务管理部门的管理制度、职责分工、内部控制体系建设、业务流程、风险管控措施等，对财务管理部门内部控制建设和运行情况作出初步的判断，即做好开展内部控制审计的前期准备工作。然后高校成立内部控制审计小组，并根据了解的情况和信息制订内部控制审计的项目方案，对项目的目的、范围、重点、方法等加以明确，做好项目审计前的准备工作。

按照增值型内部审计服务的理念，高校内部审计逐渐从事后审计走向事前审计，逐渐地关注内部控制、高校治理、风险管理等领域，例如主动揭示高校各个职能部门管理活动控制程序有效性的问题、资金使用效益、内部管理制度的问题等，并对问题进行深入剖析，提供专业的解决方案和建议，改善部门的控制流程。

（二）审计实施阶段

在审计实施阶段，审计小组应主动到被审计部门进行现场审计，通过到实地现场沟通的方式，充分了解被审计部门的实际状况、运行流程、员工素质、相关制度等，然后对内部控制审计方案加以修正，最后进行现场内部控制审查。

在实施审计过程中，应当重点关注被审计部门的内部控制系统建设的科学性和运行的有效性。例如，在对高校教学管理进行内部控制审计时，审计小组应当针对教学管理的规章制度、奖惩机制、合作办学、管理层分工、风险管理等进行审查和评价，采用穿行测试法、实地查验法等对教学管理流程、教学管理制度进行测试和分析，发现内部控制的缺陷，调整和改善现有的内部控制审计方案，最后对被审计单位的内部控制系统的有效性和可行性做出全面、系统的审查和评价。

（三）后续审计阶段

在后续审计阶段，审计小组应当撰写内部控制审计报告书，并组织后续的跟踪调查和审计，督促被审计部门对内部控制系统进行完善和改进，发挥内部审计的持续监督作用。

在内部控制审计报告书中，需要包括以下内容：一是被审计部门内部控制系统的健全有效性情况；二是内部控制系统的缺陷和整改情况；三是内部审计人员对此次审计的结论、意见以及建议。

总之，在后续审计阶段，内部审计人员不仅需要撰写审计报告，还要对后续的整改情况进行监督，这样才能真正实现内部审计的全过程监管。

四、树立内部控制审计新理念

随着社会经济的发展，审计在规范各类经济活动运行方面发挥着越来越重要的作用，人们逐渐意识到，审计工作不仅具有查账、纠错、纠弊等监督功能，还有可以提升资源或资金的使用效益等管理功能。

在高校之中，内部审计的作用显然并没有得到充分发挥，其尚未触及高校的运营管理、内部控制、绩效管理等核心，无法为高校的发展提供"增值服务"。因此，高校应当转变原有的审计理念，树立内部控制审计理念，将焦点转移到内部控制管理方面。

（一）树立"免疫系统"的审计理念

高校应当树立"免疫系统"的审计理念。对高校内部控制审计而言，其通过对高校内部控制系统建设的科学性和运行的有效性进行审查和评价，可以很好地规范高校组织管理的程序，这是内部审计的第一道防线。

（二）树立监督和管理并重的审计理念

高校应当树立监督和管理并重的审计理念。高校内部控制审计不仅具有监督的作用，同时具有管理的作用，即通过对审计发现的内部控制系统的问题进行改进和完善，进而促进高校内部管理规范化，健全内部管理机制，最终实现审计的管理和服务功能。

（三）树立"管理＋效益"的审计理念

高校应当树立"管理＋效益"的审计理念。高校内部审计部门应当意识到，随着内部审计的不断发展和完善，审计理念也在发生较大的改变，即更加强调管理审计和效益审计并重，内部审计部门要为高校发展提供"增值型的审计"。

综上所述，高校内部审计部门应当更新自身的审计理念，认识到内部控制审计的重要性，从思想上和态度上转变自身认知，真正做到"脱胎换骨"，获得全新的发展。

第四章　高校经济责任审计

高校经济责任审计的结果是高校领导干部考核的重要参考依据，不但关系到高校领导干部的升迁、调任、离任，而且和高校的廉政建设密切相关，是高校健康发展的重要保证。

本章主要对高校经济责任审计的含义和内容进行阐述，包括高校经济责任审计的特点和种类以及其与经济责任审计的区别等，并在此基础上，介绍了高校经济责任审计的风险与流程。同时，针对高校经济责任审计存在的问题进行了深入剖析，提出相应的对策建议。

第一节　高校经济责任审计概述

本节对经济责任、经济责任审计以及高校经济责任审计的概念进行详细介绍，旨在帮助读者对三者进行有效的区分，更加清楚地了解高校经济责任审计。

一、经济责任审计的含义

在了解经济责任审计之前，需要了解经济责任的含义，这样才能更好地了解经济责任审计的作用及其价值。

（一）经济责任的概念

1.法律法规中的经济责任

在不同法规中，对经济责任的定义有所不同，见表4-1。

表4-1　法规中经济责任的定义

法律法规名称	颁布时间	对"经济责任"的定义
《国有企业及国有控股企业领导人员任期经济责任审计暂行规定》	1999年5月4日	是指企业领导人员在任职期间对其所在企业的资产应当负有的责任，包括主管责任和直接责任
《经济责任审计条例（征求意见稿）》	2008年4月16日	是指因担任特定职务管理运用财政资金以及从事其他有关经济活动应当履行的职责、义务
《党政主要领导干部和国有企业领导人员经济责任审计规定》（中办发〔2010〕32号）	2010年10月12日	是指领导干部在任职期间因其所任职务，依法对本地区、本部门财政收支、财务收支以及有关经济活动应履行的职责、义务
《党政主要领导干部和国有企业领导人员经济责任审计规定》（中办发〔2019〕45号）	2019年7月7日	是指领导干部在任职期间，对其管辖范围内贯彻执行党和国家经济方针政策、决策部署，推动经济和社会事业发展，管理公共资金、国有资产、国有资源，防控重大经济风险等有关经济活动应当履行的职责

总之，在法律法规之中，对经济责任都进行了相关规定，简单来说，经济责任是指领导干部在任职期间，对其负责的经济活动和部门财产应当负有的责任。

2.学术界中的经济责任

在学术界，不同的学者对经济责任的定义有所不同。

于保和学者认为，经济责任是指国家、企业、劳动者个人三者之间，以及企业和企业两者之间，在经济上应当承担的责任和义务，如企业对国家的经济责任、国家对企业的经济责任等[①]。

姜彦秋学者认为，经济责任是指国有企业或事业单位的法定代表人，对本单位的全部财产、净资产的保值、净资产的增值情况，所承担的经

---

① 于保和.如何规避经济责任审计风险[J].中国审计，2002（10）：28.

营责任和其他经济责任 ①。

综上所述，经济责任可以简单理解为受托公共经济责任，是指领导干部因没有做好分内应做之事而承担的责任。

3.高校中的经济责任

在高校之中，对领导干部而言，其具体的经济责任包括会计责任、财务责任、内部控制责任、科研经费管理责任、资产责任、收费责任以及其他相关责任。

（二）经济责任审计的概念

经济责任审计是中国特色社会主义审计监督制度的组成部分，是对现代审计制度的创新，在制约监督权力、促进依法行政、促进廉政建设等方面具有至关重要的作用。需要注意的是，经济责任审计仅是预防和惩治腐败的手段之一，并不是万能的，不能简单地认为经济责任审计就是惩治腐败。

在《中央企业经济责任审计管理暂行办法》中，对企业经济责任审计做出了规定，认为企业经济责任审计是指对企业的经济活动和执行国家法律法规情况进行监督和评价的活动。

彭振威学者认为，企业经济责任审计是指在企业领导人在任职期间，审计部门对其所在企业的资产、负债、损益等情况的真实性、合法性、效益性以及有关经济活动应当负有的经济责任所进行的审计监督、鉴定和评价的活动，是在企业财务收支审计的基础上，把审计结果人格化，并将审计结果落实到人的经济责任上的过程 ②。

综上所述，可以认为经济责任审计包括审计主体、审计客体、审计目的、审计职能等诸多要素，是指审计主体以审计目的（即经济责任审计的目的）为核心，对审计特有的客体进行监督和评价的行为或活动。

（三）经济责任审计的特点

和内部控制审计不同，经济责任审计是财务收支审计的深化和提升，

---

① 姜彦秋.谈谈经济责任审计 [J].审计研究，1999（5）：4.

② 彭振威.企业经济责任审计若干问题的探析 [J].审计研究，2005（2）：4.

是审计结果的人格化，具有以下特点，如图4-1所示。

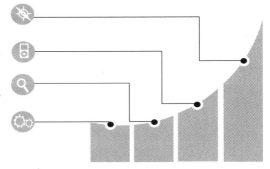

是审计监督和干部监督管理的结合

基础是财政收支和财务收支审计

由审计机关、纪检监察部门、人事管理部门共同实施

评价和责任追究重点在于领导干部本人

经济责任审计的特点

图4-1　经济责任审计的特点

1.经济责任审计是审计监督和干部监督管理的结合

和单纯的财务收支审计工作不同，经济责任审计不仅是审计机构的法定职能，还具有干部监督的作用，其审计结果可以作为领导干部选拔和调用的依据。这也是经济责任审计最重要的特征之一。

2.经济责任审计的基础是财政收支和财务收支审计

开展经济责任审计工作，先要弄清楚被审计对象财政收支和财务收支情况，这样才便于后续对领导干部经济责任的评价和审计，使两者联系得更加紧密。

简单来说，要进行经济责任审计，必须先完成财政收支和财务收支审计工作，并在此基础上做到：审查领导干部是否侵占国家财产、是否有违反财经法规的问题；审查领导干部在任职期间，其所在单位各项经济指标的完成情况等。

总之，如果被审查对象财政收支和财务收支的基础性管理工作不到位，那么开展经济责任审计的难度将会加大。

3.经济责任审计由审计机关、纪检监察部门、人事管理部门共同实施

进行经济责任审计的流程相当严格，首先需要干部管理部门提出审计意见，然后，经单位决策审批后，由干部管理部门出具书面委托书、内部审计部门接受委托之后才能开始实施。不仅如此，经济责任审计结果往往需要抄送到纪检监察部门和人事管理部门，并将其作为监督和管理被审计者的参考依据。

因此，可以说，经济责任审计工作是由三大机关同时开展的，具有监督和管理的作用。

4.经济责任审计的评价和责任追究重点在于领导干部本人

和风险管理审计、财务审计不同，经济责任审计侧重于对领导干部个人的经济责任情况进行监督和评价，即使进行追责，也是对领导干部本人进行追责，而非单位或部门。

二、高校经济责任审计的含义

高校经济责任审计是由经济责任审计引申出来的，它和经济责任审计有很多类似的地方，是高校内部审计不可或缺的领域和职能。

（一）高校经济责任审计的概念

所谓高校经济责任审计，是指对高校财务、高校产业的主要行政负责人以及校办企业法定代表人在任职期间，履行经济责任情况进行监督、鉴定和评价。

不同的学者对高校经济责任审计的认识不同，有的学者认为高校经济责任审计是针对高校主要行政负责人和法定代表人，并对其在任职期间履行经济责任情况进行监督、评价以及鉴证的行为。

高校经济责任审计和经济责任审计的差别在于审计对象和审计机构，前者的审计对象是高校领导干部，审计机构是高校内部审计部门；后者的审计对象是所有国有企业、事业单位的领导干部，审计机构则是国家委派的审计机构，但两者对被审计者的审计内容相似。可以说，高校经济责任审计是经济责任审计的组成部分。

（二）高校经济责任审计的发展历程

高校经济责任审计始于1996年，随后经历了不断完善和改进，对高校经济责任审计的工作进行了规定和阐述，其发展可以分为三个阶段，如图4-2所示。

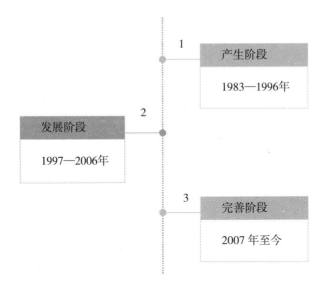

图4-2 高校经济责任审计的发展阶段

1.产生阶段

1983年到1996年期间,是我国高校经济责任审计产生阶段。在这一时期,审计署正式成立,并印发了相关审计工作的通知,由此拉开了高校开展经济责任审计的序幕。

自此,不少高校建立了内部审计机构,但其审计职能仅局限在差错防弊方面。直至1996年,高校经济责任审计的职责和范围发生改变,极大程度提升了高校经济责任审计的地位。

2.发展阶段

1997年到2006年期间,是经济责任审计的发展阶段。在这一时期,高校获得越来越大的办学自主权,国家和政府对高校的政策支持和资金支持也在逐渐加大,高校的经济活动日益复杂。相应地,高校经济责任审计因此获得了迅速发展。

1997年,教育部相继颁布了加强高校经济责任审计的相关规定,并对经济责任审计的实施办法提出相关建议和意见。在这样的背景下,我国各大高校纷纷加强了经济责任审计工作,并结合自身情况制定出经济责任审计的制度和程序,有的高校还成立了经济责任审计工作联席会议制度。

总之,在这一时期,我国各大高校在经济责任审计方面取得了较大的突破，初步建立了经济责任审计机构，并制定出相关的经济责任审计制度和标准等。

3. 完善阶段

从 2007 年至今，是经济责任审计的完善阶段。在这一时期，教育部发布了相关通知，规定了经济责任审计报告交接的目的、内容以及要求，并明确规定在高校领导干部离职之前，需要将经济责任审计报告作为交接内容之一，这意味着经济责任审计将发挥着越来越重要的作用和价值。

2011 年，教育部颁布了《教育部关于做好教育系统经济责任审计工作的通知》，要求各高校以领导干部守法、守纪、尽责情况为重点，严格依法确定经济责任审计的内容。随后，国家和政府又相继颁布了一系列法规政策，对经济责任审计提出了规定和要求，促进了高校廉政建设的发展。综合来看，高校经济责任审计体系已经日渐成熟和完善，高校内部审计部门也可以依据这些规章制度依法进行审计。

2016 年，教育部印发了《教育部经济责任审计规定》的通知，第一次系统规定了高校经济责任审计的定义、目标、组织领导、审计对象、审计内容、实施办法、审计结果的应用、审计报告等诸多概念，对促进高校经济责任审计的发展具有重大的推动作用。

从以上高校经济责任审计的发展过程中，可以看出，高校前期的审计对象是有关行政负责人，而 2007 年之后，则加大了经济责任审计对象的范围，重点对校级领导干部进行审计，2015 年之后更是加大了审计力度，对审计的次数、审计结果、审计评价等进行了明确规定，高校经济责任审计得到进一步完善。

（三）高校经济责任审计的种类

根据《江苏省部门和单位内部管理领导干部经济责任审计办法（征求意见稿）》第六条规定：根据干部管理监督的需要，经济责任审计可以在内管干部任职期间进行，也可以在内管干部离任后进行，以任职期间审计为主。对同一单位党政内管干部的经济责任审计，可以同步组织实施，分别认定责任。

从上述规定不难看到，国家对于管理领导干部的经济责任审计越来越重视，这是国家提升治理水平和能力的必经途径和手段。同时，在高校审计中亦是如此。高校应当重视经济责任审计的开展，开展领导干部经济责任审计，以便于更好地监督和评价高校领导的履职情况。根据审计特点的不同，可以将高校经济责任审计划分为不同的种类，见表4-2。

表4-2　高校经济责任审计的种类

划分依据	种类名称	定义	功能
根据被审计者部门的变化	岗位异动责任审计	因被审计者的岗位发生变动而开展的审计	主要评价被审计者所经办的业务活动的真实性、合法性和预算执行情况
	机构异动责任审计	被审计者所在的单位或部门发生分立或合并等变动而开展的审计	主要对被审计者在资产保值、增值、完整等方面进行评价
根据被审计者是否在任	任期内经济责任审计	是指在被审计者任职期间，对其负责的经济活动进行审计	主要检查被审计者在经济活动中是否有差错或出现舞弊行为
	离任经济责任审计	当被审计者离开任职部门时，对其负责的经济活动进行审计	主要确认被审计者的履职情况，以解脱经济责任
根据是否有指令	指令性责任审计	根据内部审计部门下达的指令对相关责任人开展审计	检查和评价被审计者经济活动目标的执行情况和被审计者所经办的资产、负债及经济效益等情况
	计划性责任审计	依据审计的相关规定对被审计者依法开展审计	评定被审计者执行财经法规、经营管理水平等方面，并提出审计建议和意见
根据审计结果是否有影响	参考性责任审计	根据规定或指令对被审计者开展的审计	对被审计者经办的业务活动进行检查和评价，其审计结果可作为组织部门考核的参考依据
	决定性责任审计	审计结果会直接影响被审计者续聘或解聘的审计	分析被审计者担任领导职务期间的经济指标，并客观分析是否存在错误和舞弊行为

划分依据	种类名称	定义	功能
按照审计时间的不同	事前经济责任审计	在经济责任关系确立之前开展的审计	对经济责任关系主体的资产、负债、损益的情况进行审计，以确保经济责任的合理性和有效性
	事中经济责任审计	在被审计者任职期间开展的审计	审查和评价被审计者经济责任的履行情况，以确保高校资产的安全和完整
	事后经济责任审计	终止被审计者职位后而开展的审计	审查和评价被审计者经济活动的合法性和真实性，以评价被审计者的经济责任

其中，根据被审计者是否在任可以将其分为任期内经济责任审计和离任经济责任审计，这两种审计方式各有利弊。

1.高校任期经济责任审计

任期内经济责任审计是随着我国经济体制改革和政治体制改革产生的，是指在领导干部任职期间，对其部门的财政财务收支或所在部门资产、负债、损益的真实性、效益性和合法性等进行监督评价和鉴定，包括主管责任和直接责任。

任期内经济责任审计是加强高校党风廉政建设的需要，在加强高校内部经济管理、维护经济秩序、提升办学资金使用效益等方面具有重要的价值，主要体现在以下几个方面。

①拓宽了干部监督和考核的渠道，为客观公正评价和任用高校领导干部提供了重要的依据。

②及时对高校领导干部进行监督和评价，有效从源头上预防和治理腐败，尽量避免和降低高校经济损失。

③明确高校领导的责任和权力，激发高校领导的工作积极性，增强党员干部对自身的要求。

④有利于内部审计人员及时和领导进行沟通和交流，做到高校任期经济责任审计的真实性和准确性。

任期内经济责任审计的缺点在于难以准确对现任领导进行评价和鉴

定。在任期内对高校领导进行评价，固然可以及时对其进行监督。然而，这样做却忽视了高校项目的进行。某些高校项目并非立刻就可以进行评价和监督，需要等到彻底结束后才能对其进行客观公正的评价，而这会影响经济责任审计的准确性和公正性。同时，内部审计部门需要确认前任领导创造的潜在优势将会产生的经济效益和问题，以避免对被审计者造成不公正的评价，而在任职期间进行审计，将难以避免上述问题。

2. 高校离任经济责任审计

离任经济责任审计是指当高校领导干部离任后，对高校领导的职责进行评价和鉴定的活动，其优势主要体现在以下几个方面。

①完善对领导干部的监督。通过离任经济责任审计可判断一个单位经济运行是否存在漏洞和局限，不能因为领导干部离任而放松对其的经济监督，有利于完善对领导干部的监督管理。

②可以推动高校依法行政的工作进程，促进高校治理体系、治理能力现代化建设的重要进程。

③提高领导干部对审计工作的认识，以维护高校的资金安全和高校利益。

④有利于加强对经济的基层监督，防止高校资产流失。

和任期经济责任审计相比，离任经济责任审计具有较大的局限性和不足，主要体现在以下几个方面。

①经济责任审计工作不及时。离任审计有三种委托形式：一是组织部门负责审计立项，委托给审计部门进行审计；二是接任者出于划清经济责任而委托内部审计部门进行审计；三是离任者被调离单位后为解脱经济责任要求内部审计部门进行审计。无论哪种离任审计，都是在领导干部调动离任或换届后开展，因此其审计工作并不及时和到位，常常审计重点不突出甚至流于形式，难以为领导干部的选拔和调用提供参考依据。

②高校领导干部态度消极。在进行离任经济责任审计工作时，内部审计人员往往会遭遇一定困难，主要体现在两方面：一是离任的领导干部觉得自己已经离任，和之前的部门或项目已经没有关系，因此对审计工作消极应付；二是新任的领导干部并不了解前任任职期间各项活动的实际情况，难以及时准确进行反馈和提供帮助，甚至消极应付审计工作。

在对高校领导进行经济责任审计时，内部审计人员应当具备全面思维，不仅要关注领导干部管理的本部门经济活动的运行情况，同时需要关注领导干部个人落实高校赋予的管理职责的履行情况。因此，高校内部审计部门在开展经济责任审计工作时，应当以任期经济责任审计为主，同时对关键部门、关键职务、关键个人开展离任经济责任审计工作，既做到未雨绸缪，又能实现经济责任监督和评价全面覆盖。

三、高校经济责任审计内容

高校属于事业单位，需要接受国家机关的领导或指导，具有社会服务的职能。

在高校管理方面，其管理方式更接近于企业。在活动经费方面，其渠道主要有财政补助收入、事业费收入、经营性收入、拨入专款收入、附属单位上缴款等，具有较为复杂的经济活动。高校领导干部不仅需要管好国家拨付的资金，而且要管理高校自身的收入，维护国有资产的完整和安全，实现物尽其用。

因此，在对高校领导干部进行经济责任审计时，应当查明被审计者所在的高校有无建立适当的内部控制制度、财务收支活动是否真实合法等，还应当对科研领域进行审计，其审计内容如下。

（一）任职期间目标完成情况

在对高校领导干部进行经济责任审计工作时，内部审计机构应对被审计者所在部门的工作目标完成情况进行审计，包括经费自给率、资产保值增值率、资产负债率、人员经费所占全部经费的比例等。

总之，审计人员应根据高校性质的不同，将各项指标的实际完成情况和历史最高水平进行比较，以正确评价被审计人员任职期间的表现。

同时，审计人员应审查被审计人在任职期间的债权或债务情况，其审查内容如下。

①审阅和核对有关凭证、账项记录、资产实物等。

②审查账证、账表等是否完整合规，是否存在弄虚作假的情况。

③审查被审计者在任职期间，是否有违法违规的现象，是否遵守财经法规，有无侵占、挪用公款情况，比如"小金库""公款炒股"等。

（二）预算资金使用的合理性

对国家教育投资进行有效管理和使用，是高校领导干部正确履行经济责任的主要内容。因此，在对高校领导干部进行经济责任审计时，需要关注预算资金使用的合理性。

在高校之中，预算资金的拨入和使用需要根据高校的发展进行，因此预算资金的使用和高校发展的目的紧密相连，进行经济责任审计工作时，其审查内容如下。

1. 审查高校发展目标的科学性和适当性

高校在制定发展目标时，并不能盲目制定，而是要根据实际情况科学合理的制定，这样才能保证高校长远发展。例如，有些高校的办学基础、师资力量等都比较薄弱，却制定高远宏大的发展目标，这会给高校财政带来较大压力。因此，审计人员在进行经济责任审计时，需要评价高校的发展目标是否足够恰当，投资规划是否合理。

2. 审查预算资金使用的合规性

公办院校的资金来源主要是财政部投入的预算资金，在进行经济责任审计时，应当围绕高校的部门预算和总预算，审查预算资金的使用计划、决策是否合规，有无违反国家财经法规、有无虚报预算的情况，同时审查资金预算支出项目是否和高校发展目标相适应等。

3. 审查预算资金使用的合理性

在预算资金使用方面，在按照规定用途使用的基础上，高校还应做到合理安排使用进度，高质量完成预算任务。在进行预算资金使用合理性审计时，应重点审查两方面的内容：一是审查预算资金使用是否有擅自挪用的情况；二是审查预算资金使用是否重点保证教学工作的需要。

总之，高校经济责任审计应主要关注预算资金使用的有效性、预算资金使用进度、预算资金使用效率、预算资金管理的规范性等方面，并对其进行审查和评价，以更好地促进预算资金使用的合理性。

（三）预算外收入支出和分配的合法性

高校除了财政部的预算资金支持外，还具备其他收入，如附属单位的上缴款等，这些收入统称为预算外收入。如果对其监管不到位，很容易发生违规违纪行为。因此，在进行经济责任审计工作时，应针对这些预算外收入对高校领导干部进行审查，其内容如下。

1. 审查预算外收入的合法性和合理性

在审查预算外收入的合法性时，应重点关注以下内容。

①审查预算外收入范围的合法性。

②审查预算外收入收费标准的合法性。

③审查预算外收入项目的合法性。

④审查创收方式的合规性。

2. 审查创收分配的合法性

在审查创收分配的合法性时，应重点关注以下内容。

①审查创收成本费用。

②审查创收纳税情况。

③审查创收净收益分配。

（四）科研项目经费的合法性和合理性

在我国高校中，时常会存在很多科研项目，需要高校给予一定的经费支持进行研究，在对这些科研项目经费进行经济责任审计时，需要关注科研项目的收入和使用、科研收益分配、科研成本计算三个方面，对高校领导干部的经济责任履行情况进行审查，其审查内容如下。

1. 科研项目费用收入

科研项目费用的收入、分配和使用，是科研单位经费管理的主要内容，应从以下方面进行审查。

（1）审查科研项目费用收入

科研项目经费的来源主要有两个，即外来经费和自创经费。前者包括科研管理部门给予拨款、国家各级财政拨款、申请科学基金拨款、有关政府部门拨款、贴息贷款、国内外捐款等；后者主要包括科研成果转让收入、附属单位上缴收入、经营收入等。

在外来经费中，审计人员应重点审查贴息贷款和国内外捐赠资金的合规性和合法性，确保贴息贷款手续的完整性，并注意国外机构捐助资金的来源。在自创经费中，审计人员应重点审查科技成果转让手续是否齐全、合法，包括转让价格是否符合国家规定、转让成果是否为国家禁止转让范围等。

（2）审查科研项目经费分配和使用

科研项目经费应按照计划及时定额下拨到部门或课题组之中，因此审计部门需要审查科研项目经费的分配使用情况，以确保严格按照规定进行分配，最大程度减少违规违纪情况的发生，其审查内容如下。

①科研项目经费分配比例是否符合国家规定。

②科研项目经费是否在各项目组之间分配恰当。

③科研项目经费的使用是否符合国家或合同规定的范围。

④查明科研项目经费是否坚持专款专用，是否有超标准使用的现象。

⑤审查科技"三项"费用（即新产品试验费、中间试验费、重要科研项目补助费）是否坚持专款专用原则，有无挪用情况等。

2.科研项目收益和分配

在对科研项目收益和分配情况进行审查时，应注意审查以下内容。

（1）审查科研成本

科研收益和科研成本有着直接的关系，科研成本越低，其获得的科研收益就会越大。因此，科研成本的真实性和合法性会影响科研收益计算的正确性，审计人员应对科研成本进行审查和核算，以确保科研收益的准确性，其审查内容如下。

①审查科研成本开支范围是否符合有关制度规定。

②审查科研项目中设备购置是否合规、审批手续是否齐全。

③审查科研成本中的奖金、福利费、劳务费是否符合开支标准和范围，有无弄虚作假、挤占科研成本等现象。

（2）审查科研成果收入

科研成果收入包括科技转让和技术服务取得的收入、科研附属部门的服务性收入、科研产品销售收入等。审计人员在进行责任经济审计时，应重点审查以下内容。

①审查科研成果转让或销售是否具备严密的管理制度和体系。

②审查科研成果收入是否纳入高校的统一核算体系之中。

（3）审查科研收益分配

所谓科研收益分配，是指将科研收益（科研成果收入扣除科研成本、各种税金后的余额）按照规定的比例进行分配，在审计时应注意审查以下内容。

①审查科研收益计算是否真实准确，是否存在漏计、多计等现象。

②审查科研收益在分配前是否按照规定进行纳税，有无偷税漏税现象。

③审查科研收益在"三项基金"（即科技发展基金、职工奖励基金、集体福利基金）中的分配比例是否合理，是否存在扩大职工奖励基金比例的现象。

（五）其他经济责任审计内容

除了被审计者所在单位的财政、财务收支的审查之外，经济责任审计还应审计以下内容。

①审查被审计者所做出的重大经济决策（如大额支出、银行贷款、工程建设等），并审查和评估其是否造成重大经济损失。

②被审计者所在部门的内部控制建设情况，审查其制度设计、流程设计是否科学，运行是否有效。

③审查被审计者本人的经济情况，是否遵守党风廉政建设相关规定等。

第二节 高校经济责任审计风险

在高校经济责任审计中，存在着审计风险，这些审计风险严重制约着经济责任审计的效果。

经济责任审计风险不可避免，但我们可以采取相应措施有效降低风险，本节主要介绍高校经济责任审计风险的概念和类型，并提出相关措施进行防范。

一、高校经济责任审计风险的含义

通过高校经济责任审计，可以有效促进高校廉政建设，减少高校领导违规违纪行为的发生。

（一）高校经济责任审计风险的概念

所谓高校经济责任审计风险，是指高校内部审计人员因某种因素影响，从而做出错误的审计结论，导致内部审计机构承担相应的法律责任和经济损失的可能性。

2009 年 7 月 7 日，中国内部审计协会发布《内部审计实务指南第 4 号——高校内部审计》（中内协发〔2009〕19 号），其中九十三条指出"本指南所称领导干部经济责任审计是指高校内部审计机构通过对学校内部领导干部所在部门、单位财务收支以及相关经济活动的审计，鉴证和评价领导干部经济责任履行情况的行为。"

2016 年 3 月 24 日，教育部印发《教育部经济责任审计规定》（教财〔2016〕2 号），其中第二条规定指出"是指教育部对有关干部管理的直属高校、直属单位主要领导干部和驻外教育机构参赞经济责任履行情况进行监督、评价和鉴证的行为。"

从上述文件规定中不难看出，高校经济责任审计的主体是内部审计部门，审计对象是高校内部领导干部，主要对高校内部领导干部在经济活动中的履职情况进行评价和监督。

（二）高校经济责任审计风险的特点

经济责任审计风险具有固有风险小、控制风险和检查风险大的特点。虽然经济责任审计风险不可避免，却可以尽量控制防范，以确保经济责任审计顺利进行，获得经济责任审计应有的效果。

二、高校经济责任审计风险类型

在高校进行经济责任审计工作时，其存在的风险主要包括以下三种类型。

（一）高校内部风险

高校内部风险，顾名思义，就是指来自高校内部审计机构的风险。主要体现在高校教职工对经济责任审计认识不到位、经济责任审计人员素质不高、经济责任审计制度滞后等方面。

（二）高校外部风险

高校外部风险是指来自外部环境的风险。主要体现在被审计部门隐患较多、高校经济环境变化较大、和外部审计难以协调等方面。

（三）经济责任审计固有的风险

由于经济责任审计工作具有特殊性，其存在风险和其他审计类型有所不同，主要体现在以下方面，如图4-3所示。

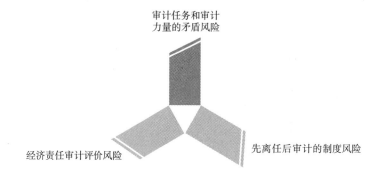

审计任务和审计
力量的矛盾风险

经济责任审计评价风险

先离任后审计的制度风险

图4-3 高校经济责任审计的固有风险

（1）审计任务和审计力量的矛盾风险

在经济责任审计中，其审计任务十分繁重，但审计人员数量相对不足，由此形成不可调和的矛盾，为经济责任审计工作带来了风险。

首先，经济责任审计的内容覆盖面十分广泛，不仅包括对被审计者所在部门的经济活动事项的审计，诸如财政收支、财务收支、内部管理、投资决策等，同时包括对上述经济活动事情的分析和整理，对被审计者在这些经济活动中应负的责任、被审计者个人的廉洁守法情况进行评价。由此可以看出，这是一项非常浩大的工程，其中涉及的文件、报表等不计其数，要想完成全面的经济责任审计，其中的难度和风险可想而知。

其次，被审计者的任期时间跨度较长。通常而言，被审计者的任期是三到五年，但也有例外，某些被审计者的任期可能会长达十几年。在这样的情况下，审计人员应当灵活应用当时的法律法规对当时的经济活动事项进行审计，即因时制宜选取恰当的法律法规开展审计工作，这无形之中增大了经济责任审计的风险。

最后，高校审计力量薄弱。随着时代的不断发展，高校内部审计的职能得到了延伸和拓展，涉及内部控制审计、经济效益审计、经济责任审计等诸多领域，审计业务量急剧增加。然而，高校的专职审计人员人数增长幅度远远滞后，甚至多少年审计人员数量都没有增加，高校审计力量不足的情况越来越严重，直接影响高校经济责任审计的质量，形成了一定的风险。

（2）经济责任审计评价风险

由于经济责任审计的对象是高校领导，往往具有一定的权力和地位，如果凭借自身的优势，通过各种关系施加压力，则会对审计人员造成负面的影响，难以保证审计的公正性和客观性，将会加大经济责任审计的风险。

同时，在审计评价标准和指标方面，尚未制订出具有可操作性、客观、公正的指标体系。在对高校领导开展经济责任审计时，如果缺乏统一、标准的评价指标，就会导致评价工作的不全面和不严谨。例如，高校目前尚未制订出界定主管责任和直接责任的参照系，这无疑会为审计者提供较大的操作空间，增大经济责任审计评价风险。

（3）先离任后审计的制度风险

目前，在经济责任审计方面，其采用的审计制度大都是事后监督，即"先离任，后审计"的制度，但这样做容易导致以下风险和问题。

第一，内部审计人员和被审计者串通的风险。

第二，审计和任用完全分割开来，难以发挥经济责任审计监督和管理领导干部的风险。

第三，加大审计报告和审计决定执行的风险。

第四，失去了经济责任审计的实际作用和意义。

经济责任审计的作用是为选拔和调任领导干部提供参考依据的，而实际上往往经济责任审计还未开始或结束，被审计者已经离任，因年龄原因退出领导岗位或经组织决定，已任命新的领导岗位，这使得经济责任审计的结果无法发挥其应有价值，不仅会直接影响审计人员的积极性，同时前任任期经济责任没有理清会给后任领导工作开展造成不利的影响。

第三节　高校经济责任审计流程

经济责任审计的重点在于人，因此确定被审计者是其工作的起点。其一般流程如下：高校组织部、人事处提出书面的审计委托，对拟要提拔或调离的高校内部领导干部进行经济责任审计，然后经过主管校领导批准，最后由内部审计机构分解任务。

在进行高校经济责任审计工作时，其具体流程可以分为以下几个阶段，每个阶段的侧重点各不相同。

一、高校经济责任审计计划阶段

俗话说"按部就班""步步为营"，这都强调了计划的重要性，根据计划行事，可以很大程度避免一些不必要的事情，减少干扰。在高校经济责任审计中，亦是如此。在高校经济责任审计期间，需要按照规定的计划进行，这样才能事半功倍。

在高校经济责任审计计划阶段，其内容主要包括，在年底之前，高校干部管理机构应和内部审计机构共同协商，提出下一年度的任期经济责任审计的规模和项目计划等，并将其列入内部审计的年度审计项目计划。

其中，高校干部管理机构应当根据领导干部的任期届满或任期内的转换、调任、辞职等情况统筹考虑提出委托建议，并以书面形式向内部审计机构出具委托书（包括审计对象、重点、范围和有关事项等），这样才能正式进行高校经济责任审计工作。

当然，在高校经济责任审计计划阶段，内部审计机构应当提前计划好开展经济责任审计的因素、风险和次序等，以更好地制订出审计计划。

（一）高校经济责任审计的考虑因素

对内部审计机构而言，其经济责任审计工作具有时间紧、任务重、风险高、政策性强、责任大的特点，从接到审计委托书开始，就要根据其委托要求计划审计的内容和审计日程等，应注意以下几个因素。

①审计日期和结果。一般而言，某一业务活动的审计间隔期越长，

其产生的风险就会越大，因此需要考虑经济责任审计的日期。

②资金额度。资金额度越大的审计项目潜在的风险越大，因此内部审计人员应优先安排涉及资金额大的审计项目。

③审计委托者的需要。

④内部审计人员的能力。

（二）高校经济责任审计的考虑风险

高校内部审计人员在对审计内容和审计日程做出安排之时，不仅需要注意识别潜在的审计风险，同时需要按照风险存在的可能性来安排被审计内容的次序，应当考虑以下风险因素。

①被审计单位或部门内部控制系统的有效性。

②审计管理人员的能力和正直程度。

③审计系统的近期变动。

④业务的复杂程度。

⑤被审计单位或部门主要领导的近期变动。

（三）高校经济责任审计的次序方法

在开展经济责任审计工作时，内部审计部门通常会应用风险因素评分法对审计项目进行风险评分，以决定审计项目的次序，其方法如下。

①挑选 5 种对高校各部门最重要的风险因素。

②对每个被审计对象的 5 种风险因素进行评分。其中，每种因素的评分范围在 1 ~ 5 分之间，5 分表示风险最大值。

③将各个被审计对象的分数进行比较，并按照各个部门的风险值进行排序。

④选择风险值最高的被审计部门进行高校经济责任审计，如果两个部门的风险值相等，则可以考虑其他因素进行排序，如审计需要的工时数、部门所属的层次等。

二、高校经济责任审计准备阶段

当审计计划确定后，内部审计机构就要开始着手进入准备阶段，其准备工作包括成立审计小组、初步联系被审计者、初步调查、制定审计方案等，如图 4-4 所示。

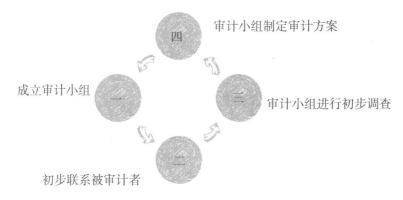

图 4-4　经济责任审计准备阶段步骤

（一）成立审计小组

审计小组是由专业审计人员组成的，不同的审计项目应由不同的审计小组负责。其中，审计小组的人数需要根据审计工作量，并结合内部审计部门的具体情况进行确定，并非是统一规定的。

针对经济责任经济审计项目，内部审计需要成立专门的审计小组，并指定小组组长，由其合理分工，并对审计结果负责。

（二）初步联系被审计者

经济责任审计工作并不是突然进行的，审计小组应当提前 3 天送达审计通知书。在通知书中包括被审计者需要配合的事项、10 天内提供述职报告、相关资料等内容，以提前通知被审计者做好审计准备工作。

在进行经济责任审计时，领导干部应当按照要求，提供自己负有主管责任和直接责任的财政、财务收支事项的书面材料，这样有利于内部审计部门正确把握评价领导干部及其业绩，并把握审计重点、缩短审计时间，进而促进廉政建设的发展，提高高校的领导水平。

实际上，在具体操作中，部门领导干部未能严格按照要求拟写和提交材料，或对提交的书面材料敷衍了事，有的只言片语，有的内容冗长复杂，却和财政、财务收支没有联系，有的甚至没能提交书面材料，这些都严重制约着内部审计小组工作的顺利进行。造成上述现象的原因有以下三种：一是部分领导干部对高校经济责任审计工作不够重视；二是当前的高校经济责任审计大多是事后审计，存在明显的滞后性；三是缺乏对领导干部提供的材料内容真实性的制约机制。

因此，高校应重视这些问题并对其进行明确规定，以保证领导干部可以全面、完整地拟写和提交任期经济责任书面材料，准确描述任期依法行政和科学决策情况，最终提升内部审计机构的审计效率，规范经济责任审计的流程。

（三）审计小组进行初步调查

在初步联系被审计者之后，审计小组应到被审计者所在的单位或部门进行初步调查，可以采取召开见面座谈会、实地考察等措施，从实际的沟通和交流中，了解被审计者的基本情况，其了解内容如下。

①被审计者的工作职责。

②实物资产。

③管理活动的性质。

④和其他部门的关系。

⑤被审计者的工作氛围。

同时，审计小组需要对各项背景资料进行了解和掌握，包括组织结构图、工作说明书、组织的规章制度、相关的法律规定、岗位责任制、重要的管理活动的文件、报告、报表等，审计小组应对这些文件进行确认和查看，确保这些文件有序存放并得到妥善保管。

（四）审计小组制定审计方案

在进行初步调查之后，审计小组需要制定具体的审计方案，记录审计计划和各项审计工作时间，以确保审计可以顺利进行，其方案内容如下。

①审计目标。

②审计范围。

③审计过程中的特别事项。

④审计程序拟收集的审计证据。

⑤审计时间安排和审计人员分工。

⑥审计报告报送时间和接收人员。

当制定好审计方案后，审计小组需要将方案提交科长复核，并经内审部门负责人审批。

三、高校经济责任审计实施阶段

经过经济责任审计计划和准备阶段之后，审计小组应正式开始审计工作，其步骤包括召开进驻审计工作会议、评价内部控制制度。

（一）召开进驻审计工作会议

当审计小组的审计方案获得内审部门负责人的批准之后，审计小组应在被审计者的管理场所正式召开进驻审计工作会议，其成员包括审计小组成员、分管校领导、内审部门负责人、被审计者以及其所在部门相关人员。

首先，在初步调查的基础上，采用抽样审计的方法测试被审计者所在部门内部控制的适当性、有效性和合法性。同时，充分应用观察、询问、分析性复核以及函证等方法，获取充分且可靠的审计证据。

其次，对各种财务和经营报表的数据进行分析性审计，如实际和预算的比较、账户间关系分析、多期数据的趋势分析等，并对分析性审计发现的异常情况采取针对性的审计程序。

（二）评价内部控制制度建设和执行情况

首先，审计小组应当调查和了解被审计者所在部门的内部控制建设情况，包括内部控制的环节、方法、制度等。

其次，审计小组采用调查表法对被审计者所在部门的内部控制进行描述，并对管理制度的执行情况进行评价，包括内部管理制度、内部财务管理制度、内部考核制度、委托授权制度。其中，审计小组应特别注意被审计者任期内所在部门或单位财经法规的执行情况。

再次，审计小组应进行实质性测试（又称金额测试），即对单位或部门的账户金额进行验证，测试是否正确。

最后，审计小组完成内部控制的描述和测试之后，对被审计者所在单位或部门的内部控制制度做出综合评价，主要集中在以下方面。

①控制体系是否完整、控制程序之间是否严密。

②各种控制程序是否合理合法有效。

③实施控制程序的成本是否和产生的效益相适应。

综上所述，在实施经济责任审计阶段过程中，高校内部审计人员应充分应用沟通技巧、抽样审计技术以及其他数量化分析技术等实施审计工作，以确保对内部控制制度做出恰当科学的评价。

四、高校经济责任审计报告阶段

经济责任审计报告阶段的主要任务是撰写审计报告，反映的是被审计的领导干部在任期内应当负有的主管责任和直接责任，可以作为人事部门和纪检监察机关考核和任用干部的参考依据。

（一）高校经济责任审计报告的内容

审计小组完成经济责任审计工作后，应当撰写审计报告并向审计机关提交，其内容如下。

①实施审计工作的基本情况。

②被审计者的职责范围和所在部门财政收支、财务收支目标的完成情况，以及被审计者所在单位或部门的资产、负债、损益目标责任制相关的各项经济指标的完成情况。

③被审计者所在单位、部门、地区违反国家财经法规和领导干部廉政规定的主要问题。

④被审计者对违反国家财经法规和廉政规定问题应当负有的主管责任和直接责任。

⑤对被审计者存在的违反国家财经法规问题的处罚意见和改进建议。

在撰写高校经济责任审计报告时，应当从以下几个方面出发。

①抓住高校经济责任审计的特点，即以财务数据为起点，关注数据背后的业务和决策；以问题为指引，关注问题发生的原因和背景，关注高校领导干部的管理和责任情况。

②紧扣项目的重点并合理安排主次，即做到重大或重要的问题深入描述，一般的问题简要描述，以使得审计报告层次清晰、重点突出。

③采用精练简明的行文风格。即在撰写经济责任审计报告时，尽量少用或不用专业术语，而是采用通俗易懂的话语，直接明确表达出内部审计的监督和评价结果。

④站在高校治理的角度撰写经济责任审计报告。审计报告的阅读者一般是高校的高层管理者，因此在撰写报告时应当充分考虑阅读者的关注点和需要，在揭示问题的基础上，审慎做好三个区分（即无意过失和明知故犯、失误和渎职、探索实践和以权谋私），并提出相关的解决办法，使得高校经济责任审计报告具有显著的实用价值。

（二）高校经济责任审计报告的格式

高校经济责任审计报告不仅需要符合一般审计报告的格式，而且需要满足其基本内容的表达，往往选择长式报告格式，包括开头、正文、结尾、附件，如图4-5所示。

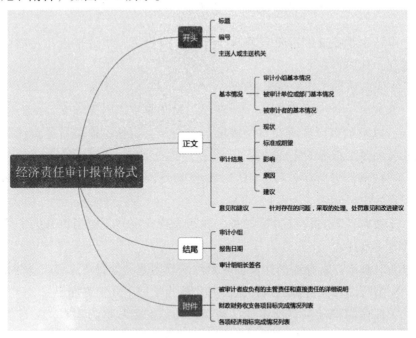

图4-5 高校经济责任审计报告的格式

1.开头部分

在高校经济责任审计报告中，其开头部分主要包括以下内容。

①标题。标题应包括被审计的对象、被审计的期间、审计的项目名称等，如"关于××大学财务处××处长2018年1月至2021年1月任期经济责任审计报告"。

②编号。编号应保持完整，这是内部审计机构进行审计的重要依据。

③主送人或主送机关。审计小组撰写的审计报告，应主送审计组的派出机关，切忌派送到审计委托部门，且不宜抄送给关联度不高的部门或单位，遵守保密性。

2.正文部分

撰写高校经济责任审计报告，其正文应紧扣主题，包含以下几方面的内容。

（1）基本情况

这里是指实施高校经济责任审计的基本情况，包括以下三种：一是内部审计小组的基本情况，如审计依据、审计范围、审计目的、审计起止时间等；二是被审计者所在单位或部门的基本情况，如被审计者任职期间财政收支、财务收支的目标完成情况和单位或部门各项指标相关的完成情况等；三是被审计者的基本情况和职责范围等。

（2）审计结果

审计结果是指审计人员在经济责任审计过程中的发现，既可能是肯定的，也可能是否定的。其中，否定的审计发现又被称作"例外"，需要格外重视。审计结果的构成如下。

现状：审计结果的具体环境，包括经营程序的实际执行情况、各项资产的实际存在数量。

标准或期望：被审计者应当遵守的政策、法律法规和程度等，是审计人员用来评价和判断的准绳。

影响：某种现状对实现目标影响的可能风险程度，审计人员应当根据不同现状对风险类型进行识别和评价。

原因：在现有状态下发生问题的原因，审计人员应协助被审计部门并积极采取补救措施。

建议：针对审计发现审计人员应当提出合适的建议。

（3）意见和建议

在高校经济责任审计报告中，除了标题和正文，审计人员应根据问题性质，实施不同的处理和处罚意见，并提出相关改进建议。

需要注意的是，这种处理或处罚意见是针对违反国家财经法规问题提出的，主要针对被审计者个人及其所在的单位或部门，对于其他问题，则没有必要提出处理和处罚意见。同时，这些处理和处罚意见会成为作出审计决定的主要依据，因此，在提出处理和处罚意见之前，审计人员需要高度谨慎，进一步确认其违规事实，确保证据的有效性和充分性。

3.结尾部分

在高校经济责任审计报告的结尾部分，应标注撰写报告的审计小组、报告日期、审计组组长的签名等信息。

4.附件部分

附件部分包括必要的附表和专项文字说明，前者包括财政支出和财务目标完成情况列表、各项经济指标完成情况列表，后者包括被审计者应当负有的主管责任和直接责任的详细说明。

第四节　加强高校经济责任审计对策

开展高校经济责任审计逐渐成为高校加强干部管理和监督的手段和方式，成为高校常规性的工作。

高校应尽量采取措施和手段，以加强高校经济责任审计的效果，其对策如图4-6所示。

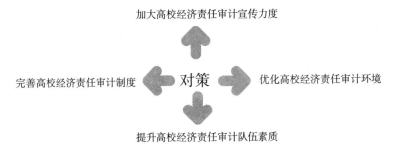

图4-6　加强高校经济责任审计的对策

（一）加大高校经济责任审计宣传力度

由于高校中的教职工对经济责任审计认知不够清晰，导致其审计工作不能顺利开展。因此，需要高校加大经济责任审计宣传力度，这样不仅可以帮助教职工正确认识和了解经济责任审计的重要性，而且可以减少进行审计时的沟通困难，提升审计效率。

首先，高校应聘请专家开展相关专题的讲座或拍摄宣传教育片，帮助广大教职工认识经济责任审计的本质，即内部审计部门并不是执法机关，没有纪检监察部门的职能，仅是一种评价工具，用来评价高校领导任期内的履职情况，重点在财政财务收支方面，可以为高校发展带来诸多益处，因此没有必要畏惧，更无须抵触。

其次，内部审计部门应主动和高校领导沟通经济责任审计方面的工作，化被动为主动，进而避免同级审计时的尴尬和不适，使得被审计者可以充分理解经济责任审计工作，使得双方的沟通更加顺畅，提升经济责任审计的质量。

总之，高校应采取多种措施，加大经济责任审计的宣传力度，帮助广大教职工和领导层认识到经济责任审计的本质，以确保经济责任审计的顺利开展。

（二）完善高校经济责任审计制度

在高校经济责任审计工作中，普遍存在"先离后审"的现象，这会加大经济责任审计的难度，对其造成阻碍甚至制约。因此，高校应完善相关经济责任审计制度。

首先，高校应明确"先审后离"的制度和程序，并严格执行该经济责任审计制度，即被审计者只有经过经济责任审计之后，才能离开现任职位，规范离职程序，以减少进行经济责任审计的阻碍。

其次，高校应制定符合自身的审计评估指标和评价标准，为经济责任审计工作提供全面的审计依据。对经济责任审计而言，如果其评估指标和评估标准比较模糊，是无法做出准确而恰当的审计评价的。因此，高校除了采取统一的审计标准外，还可以根据自身的财务特征和审计数据等，"因时制宜"，明确审计评估标准和评价标准。

最后，高校应制定有效的审计结果应用机制。尽管经济责任审计并不能起到执法和纪检的作用，但可以为领导干部的升迁、调任等提供参考依据，因此应该制定审计结果应用机制，如公开披露审计结果，提升审计结果的时效性和效益性，推进经济责任审计结果的效益。

通过上述措施，高校可以逐步健全和完善经济责任审计体系，向反腐倡廉、领导干部监管的方向转变。其中，可以重点监查被审计者的主要经济和业务活动，并找到其中的关键风险，并将审计结果报送纪检监察机构，协助其更好地开展工作，进而优化高校的管理水平。

（三）提升高校经济责任审计队伍素质

我国高校内部审计队伍的素质有待提升，其知识结构、业务能力均有所不足，不能很好地完成高校内部的审计任务。因此，高校有必要提升经济责任审计队伍的素质，以促进审计工作顺利进行。

首先，高校可以外聘具有专业素质的青年审计人才，采取"青蓝工程"的方法，帮助青年审计人才快速融入高校内部审计部门，适应相关工作，并对其进行法律、计算机、职业道德等方面的培训。

其次，高校应采取内部培养的方式提升审计人员的素质，通过举办专业技能和专业知识的培训，以提升审计人员的能力。当然，也可以通过外聘青年审计人才"以新促老"的方式，在日常工作中向"老"员工传播新型知识和审计方法等。

再次，高校应建立内部审计人员考核制度和审计追责制度，转变审计人员"不求有功但求无过"的态度，采取各种激励或惩罚措施，调动起内部审计人员工作的积极性，进而实现内部审计人员的良性竞争。

最后，高校还可以聘请外部的会计师事务所作为高校经济责任审计的顾问，通过外部审计人员进行经济责任审计，以打破高校内部的"关系网"，实现有效的高校经济责任审计。

通过采取以上措施，可以有效提升经济责任审计队伍的素质，以更新审计人员的知识结构和审计手段等，最后顺利完成经济责任审计工作。

（四）优化高校经济责任审计环境

随着信息技术的发展，计算机和互联网的应用为人们的工作和生活提供了极大的便利。为了优化经济责任审计的环境，高校可以采取以下措施，以保障高校经济责任审计工作的顺利进行。

首先，积极引进和应用现代网络技术，借助现代科学技术的优势，对经济责任审计的对象进行调查和监督，监督其是否有违规违纪行为的发生，是否存在贪污腐败的行为，在经济活动中是否尽职尽责等。

其次，建立和完善经济责任审计信息共享平台，通过网络运转、辅助办公、信息管理等方法，提高经济责任审计工作的整体联动性和促进动态更新，以更好地监督和评价高校领导的经济责任。

第五章 高校绩效审计

绩效审计是对高校使用资源的经济性、效益性以及效果性进行的综合评价分析，是内部审计的创新领域，对高校内部审计的发展至关重要。

本章主要简单介绍高校绩效审计的发展历程，深入阐述高校绩效审计的含义和内容，以及特点、作用和应用等基础知识，并在此基础之上，探究高校绩效审计的途径和构建高校绩效审计评价指标体系的办法，以促进高校绩效审计的健康发展，旨在为高校绩效审计的发展提供思路和方案。

第一节 高校绩效审计的起源与发展

2014年，《国务院关于加强审计工作的意见》提出，"把绩效理念贯穿审计工作始终"，人们开始意识到绩效审计的重要性。随后2016年审计署要求"加强公共资金绩效审计"。2018年出台《中共中央 国务院关于全面实施预算绩效管理的意见》，明确提出"切实做到花钱必问效、无效必问责""加强绩效管理监督问责"等。自此之后，绩效审计工作在各个行业和领域中得到不断发展，成为内部审计转型发展的重要方向。

那么，究竟什么是绩效审计呢？它又是怎样发展到今天的呢？绩效审计起源于1180年以前，距今已有800多年的历史，但其真正开始萌芽并发展始于20世纪40年代。

一、绩效审计的起源

关于绩效审计的产生和起源，学术界至今没有统一的看法，有三种较为主流的看法。

文硕认为，绩效审计起源于 1180 年以前，迄今已有 800 多年的历史，这在大卫·杜勒的《800 年以前的绩效审计》一文中有所体现[①]。

大多数学者认为，绩效审计萌芽于 20 世纪 40 年代，发展于 20 世纪 70 年代以后[②]。

还有的学者认为，绩效审计是 20 世纪 70 年代以后的事情。

本书认为，绩效审计产生于 20 世纪 40 年代，并已在各个国家取得了不同的发展。

20 世纪 30 年代之前，审计基本上是以真实性和合法性为目的的财务审计，审计范围和领域较窄。随着科技的进步和生产力水平的提升，国家的财政收入迅速增加，直至 20 世纪中后期，人们意识到对资源的使用和管理监督的重要性，通过监督可以有效节约财政资金，因此绩效审计应运而生。

绩效审计产生于 20 世纪 40 年代，其产生的原因主要有两个：一是监督政府的支出，随着国家经济的发展，政府的消费和投资行为逐渐增多，民众更想了解政府的开支是否合法且有效达到预期目的，因此有必要进行绩效审计；二是合规性审计需求减少。随着西方国家的市场经济日益完善，其财务会计活动日益规范，很多违法违规的现象开始逐渐减少，这样的背景，为绩效审计的产生提供了条件和基础，绩效审计成为必然趋势。

二、绩效审计在国外的发展

虽然学术界对绩效审计的起源众说纷纭，但我们依旧可以从中窥探出绩效审计的发展脉络。绩效审计的发展经历了起源、发展和完善三个阶段，时至今日，绩效审计工作已经相对成熟，并逐渐取得了一定的成就，绩效审计的发展历程如下。

① 文硕.世界审计史［M］.北京：中国审计出版社，1990：413.
② 文硕.世界审计史［M］.北京：中国审计出版社，1990：413.

（一）绩效审计的产生和发展时期

美国是最早开展绩效审计的国家，20世纪40年代，当时对绩效审计并没有统一的称谓。美国称绩效审计为"3E审计"（即经济性审计、效果性审计、效率性审计），而加拿大则称为"综合审计"，英国称为"现金价值审计"，澳大利亚称为"效率审计"。在这一时期，绩效审计处于萌芽阶段，人们仅是对此形成了初步的概念，并开始尝试进行实践。

直至1972年，美国颁布了《政府的机构、计划项目、活动和职责的审计准则》，首次明确提出了绩效审计的概念，并在《政府审计准则》中首次写入"绩效审计"这一词语。自此之后，西方很多国家的政府审计逐渐向绩效审计发展，绩效审计进入蓬勃发展时期。

1973年，詹姆斯·麦克唐纳出任加拿大总审计长，并指出"在政府的经营业务中普遍缺乏应有的经济性和效率性"，并于1977年通过《审计长法》。在该《审计长法》中，要求审计长对资金使用不符合经济性和效益性的事项向议会报告。

1979年，澳大利亚审计署开始对绩效审计的探索，并将这类检查称为"项目审计"。同年，颁布《审计法》修改案，要求审计长向皇家政府行政管理委员会，建立一个效率审计的经常性项目，以便能够对各部门的绩效进行评价。

总之，20世纪七八十年代，绩效审计处于快速发展的时期，西方众多国家都开始了对绩效审计的探索之路。

（二）绩效审计的完善时期

20世纪90年代，西方很多国家已经完成了以绩效审计为主的转变，例如，2004年丹麦发布了新的《丹麦审计署最新绩效审计指南》；2003年，英国审计署颁布《绩效审计手册》，并对绩效审计的程序、方法等做出规定；1997年，澳大利亚颁布《审计长法》，并规定绩效审计的人员和范围等。

总之，西方各个国家不断建设绩效审计体系，使得绩效审计相对完善和成熟，主要体现在以下方面。

首先，绩效审计的比重逐渐增加，并成为国家审计工作的重点。

其次，绩效审计的职能范围逐渐加大，并向政治、文化、教育、军事、生态等领域延伸，推动了绩效审计的进一步成熟。

最后，绩效审计的效果日益凸显，不但节约了大量社会资源，而且提高了政府部门的管理水平，改善了服务质量。

总之，绩效审计已经成为西方国家审计的主流方向，也为我国审计工作发展带来了新的生机和活力。

三、绩效审计在国内的发展

绩效审计在我国起步较晚，起初对绩效审计并没有明确的概念和称呼。直至 1991 年，我国才首次提出绩效审计的概念，这标志着绩效审计在我国进入实验阶段。

在传统的财务审计中，审计工作的重点在于财务数据的真实性和合法性审查，仅是针对会计报表中的数据依法做出客观的评价。然而，绩效审计不仅要求会计资料的真实和合法，更加强调这些数据背后反映的资源的经济性、效率性和效果性。因此，绩效审计对质量有着更为严格的监督要求，是对财务审计的深入探究。

通过对国内审计组织法规的整理，可以将我国绩效审计的发展分为以下三个阶段。

（一）经济效益审计阶段

从 1983 年到 2003 年，我国国务院和审计署对"经济效益"提出了初步规定，而这可以看作绩效审计的"雏形"，见表 5-1。

表5-1　国务院和审计署对经济效益的规定

法规名称	颁布时间	颁布内容
《关于开展审计工作几个问题的请示》	1983 年 7 月 14 日	对国有企业、基本建设单位、金融保险机构……并考核其经济效益
《国务院关于审计工作的暂行规定》	1985 年 8 月 29 日	审计机关……对企业事业组织……财务收支及其经济效益，进行审计监督
《中华人民共和国审计条例》（国务院第 21 号）	1988 年 11 月 30 日	对本单位及本单位下属单位的财务收支及其经济效益进行内部审计监督

法规名称	颁布时间	颁布内容
《国务院办公厅转发审计署关于加强内部审计工作报告的通知》	1987 年 7 月 16 日	内部审计人员……在挖掘内部潜力，提高经济效益方面能够更好地发挥监督作用
《审计署关于内部审计工作的规定》（审计署令第 3 号）	1989 年 12 月 2 日	内部审计机构……对本单位及下属单位的财务收支及其经济效益进行内部审计监督，独立行使内部审计职权
《审计署关于内部审计工作的规定》（审计署令第 4 号）	2003 年 3 月 4 日	内部审计是独立监督和评价……经济活动的真实、合法和有效的行为

总之，在这一阶段，国家开始重视经济活动的经济效益，并通过内部审计对被审计单位的经济效益进行监督和审计，是对绩效审计的初步探索。

（二）效益审计阶段

从 2003 年到 2007 年这一阶段，我国内部审计的重点逐渐由经济效益转变为效益审计，在相关的法律法规方面亦有所体现。

2003 年 7 月 13 日，审计署颁布《审计署 2003 至 2007 年审计工作发展规划》这一文件，其中的第三条和第四条规定中指出"效益审计"，并明确指出"争取到 2007 年，投入效益审计力量占整个审计力量的一半左右""实行财政财务收支的真实合法审计与效益审计并重"。

2006 年 9 月 8 日，审计署颁布《审计署 2006 至 2010 年审计工作发展规划》（审办发〔2006〕48 号），其中的第三条规定指出"全面推进效益审计，促进转变经济增长方式"，第四条规定指出"以促进提高财政资金使用效益和管理水平为主要目标，全面推进效益审计，……建立起适合中国国情的效益审计方法体系"，第六条规定指出"以效益审计为主要方式……维护人民群众切身利益"。

（三）绩效审计阶段

2007 年之后，我国相关法律法规逐渐明确"绩效审计"的概念和说法，其中绩效含有成果、效果和效率等综合含义，可以更加鲜明地表示出绩效审计的作用。

2008 年 7 月 12 日，审计署颁布《审计署 2008 至 2012 年审计工作发展规划》，其中第三条规定指出"全面推进绩效审计，促进转变经济发展方式……促进提高政府绩效管理水平……到 2012 年，每年所有的审计项目都开展绩效审计"，第四条规定指出"坚持多种审计类型的有效结合……财政财务收支真实、合法审计与绩效审计相结合""着力构建绩效审计评价及方法体系""2012 年基本建立起符合我国发展实际的绩效审计方法体系"。

2011 年 6 月 30 日，审计署印发《审计署关于印发审计署"十二五"审计工作发展规划的通知》（审办发〔2011〕112 号），其中第三条规定"全面推进绩效审计，促进加快转变经济发展方式，提高……公共资源管理活动的经济性、效率性和效果性……2012 年底前建立起中央部门预算执行绩效审计评价体系"。

2013 年 8 月 22 日，中国内审协会发布《中国内部审计准则》（公告 2013 年第 1 号），并针对绩效审计提出专门的准则。

2014 年 10 月 9 日，国务院颁布《国务院关于加强审计工作的意见》（国发〔2014〕48 号），并在第四条规定中指出"把绩效理念贯穿审计工作始终……推动财政资金合理配置、高效使用，把钱用在刀刃上"。

2015 年 12 月 8 日，国务院颁布《关于完善审计制度若干重大问题的框架意见》和相关配套文件，指出"主要检查公共资金管理使用的真实性、合法性、效益性以及公共资金沉淀等情况""促进提高国有资产运营绩效"。

2016 年 2 月 5 日，在审计署《关于适应新常态践行新理念更好地履行审计监督职责的意见》（审政研发〔2016〕20 号）中，第三条规定"加强公共资金绩效审计……更要关注财政支出绩效和积极财政政策的实施效果"。

综上所述，可以看到绩效审计在我国的发展变化，尽管在不同发展阶段，其称呼并不相同，但其内涵始终不曾改变，即通过对经济活动的效果性、效率性和经济性等进行审查和监督，促进资源有效利用，促进建设资源节约型和环境友好型社会，提高政府的绩效管理水平。

第二节 高校绩效审计的含义及内容

对高校而言，将其教育经费、科研经费、管理经费等各项费用的使用达到最优效果，是高校一直以来不懈追求的目标。

通过高校绩效审计可以促进上述目标的达成，实现办学质量和办学效益的协调发展，其相应的含义和内容如下。

一、高校绩效审计的含义

在了解高校绩效审计之前，应首先对绩效审计有初步的了解，包括绩效审计的概念、方法和评价标准等基础知识。

（一）绩效审计的含义

1.绩效审计的含义

绩效审计至今没有统一的含义，不仅国内学者众说纷纭，在国外的规定中对绩效审计的含义的说法也各不相同，有些国际组织称之为绩效审计，有些国家的最高审计机关称之为"效益审计""综合审计""全面审计"，而我国则称为"绩效审计"，见表5-2。

表5-2　国外法规对绩效审计的含义描述

颁布国家或机构	法规名称	绩效审计的含义
最高审计机关国际组织		涉及国有部门管理的经济性、效率性和效果性的审计
英国	《国家审计法》	坚持某一组织为履行其职能而运用其资源的经济性、效率性和效益性
美国审计总署		绩效审计包括经济性、效率性和项目审计
加拿大审计署		绩效审计是对政府活动进行有系统的、有目标的、有组织的、客观的检查
中国内审协会	《中国内部审计准则》	是指内部审计机构和内部审计人员对本组织经营管理活动的经济性、效率性和效果性进行的审查和评价

其中，经济性是指在获得一定数量和质量的产品或服务时，所耗费的资源最少、成本最低；效率性是指从投入和产出的角度出发，以有限

的投入得到最大的产出回报；效果性则是指被审计单位预期目标的实现程度。

总之，虽然在国内外的相关法律法规中，对绩效审计进行了不同的表述，但不难发现其共同点，即认为绩效审计是对公共部门资源使用的经济性、效率性和效果性进行审查并提出改进建议，以提高被审计部门的绩效。

2.绩效审计的方法

和其他类型的审计不同，绩效审计的重点在于评价经营管理活动的经济性、效率性和效果性，其覆盖内容广泛，因此绩效审计方法十分灵活，除了常规的审计方法之外，还可以采取以下方法，见表5-3。

表5-3　常见的绩效审计方法

绩效审计方法名称	绩效审计方法定义	绩效审计方法的作用
数量分析法	运用抽样技术对抽样结果进行评价	对经营管理活动的数据进行计算分析，对其经济性、效率性、效果性进行评价
比较分析法	分析、比较数据间的关系、比率或趋势	对经营管理活动的数据进行分析，以获取绩效审计的证据
因素分析法	分析各个因素的影响方向和影响程度	查找到对绩效审计产生影响的因素
量本利分析法	分析一定期限内业务量、成本和利润之间的变量关系	对经营管理活动的数据进行计算分析，对其经济性进行剖析
专题讨论会	召集管理人员就特定的经营管理项目进行讨论	获得对经营管理项目的具体信息
调查分析法	通过访谈、问卷等方式，对某种现象或事实进行考察	对搜集到的资料进行分析，从而得到一定的可靠结论
成本效益分析法	分析成本和效益之间的关系	根据每单位效益消耗的成本，以更好地评价项目效益
目标成果法	将产生成果和事先确定的目标和需求进行对比	确定组织目标的实现程度
数据包络分析法	应用数学规划模型比较决策单元之间的相对效率	对被审计对象作出效率性评价

总之，绩效审计的方法有很多，在进行绩效审计时，审计人员应根据具体的审计目标和需求，灵活选取上述绩效审计方法，以更好地审查和评价被审计部门的绩效情况。

3.绩效审计的评价标准

绩效审计的评价标准应当具有可靠性、可比性和客观性的特点，并不能盲目制定。审计机构应当与管理层进行沟通，在双方认可的基础上，科学制定绩效审计的评价标准。除此之外，还应遵循相关的法律法规，其评价标准来源如下。

①相关法律法规、政策方针、规章制度等规定。

②国家部门或行业组织公布的行业指标。

③组织制定的计划、目标、预算等。

④同行业的做法和经验以及实践标准。

总之，在制定绩效审计的评价标准时，审计人员应当广泛收集资料，管理层应集思广益，以制定出科学合理的绩效审计评价标准。

（二）高校绩效审计含义和目标

1.高校绩效审计的含义

所谓高校绩效审计是指高校内部审计部门以绩效审计目标为核心，运用专门的方法对高校资源进行评价的活动，其评价包括高校资源的经济性、效率性和效果性。

其中，经济性是指在保证质量的前提下，实现高校资源的最小耗费，更多关注在高校投入资源的过程中，其高校购置的必需产品或设备是否足够经济实用，其运用方式是否实现了对高校资源经济合理的使用。

效率性是指高校教育资源的利用效率，是在一定条件下，为取得同样的教育成果，高校资源占用和消耗的程度。例如，某些高校在取得同样教育质量的情况下，所耗费和占用的高校资金较少，可以说明该高校的效率性较高。

效果性是指从事活动时期望取得的成果和实际取得的成果之间的关系。这包括两个方面，一是指高校目标是否实现；二是指获得的实际成果是否可以使用。例如，某所高校培养出的学生具有较高的就业率，并且其学生获得了长远发展，则可以认为该所高校具有较高的效果性。

总之，高校的教育成果包含方方面面，诸如学生规模、办学特色、高校认知程度、论文发表数量和质量、高校学生毕业率、就业率等，因此在评价高校活动的成果时，需要具体评价活动的成果或影响（多指负面影响），并分析造成这种影响的原因。

2.高校绩效审计的目标

按照不同的范围和层次，高校绩效审计目标可以分为一般目标和具体目标，前者是所有绩效审计共有的目标，规定着高校审计的性质和方向（决定是否为绩效审计）；后者反映着绩效审计的个性或特殊性，表明审计的具体职责和任务，是由于审计客体不同而导致的。

①高校绩效审计的一般目标。根据国际内部审计师协会的规定，绩效审计的目标如下："为公营部门改善一切资源管理奠定基础；力求决策者、立法者和公众所利用的公营部门管理成果的信息质量得到提高"等。而高校绩效审计属于绩效审计的范围，其一般目标应和绩效审计具有一致性，可以将高校绩效审计的一般目标理解为，对高校经费使用的经济性、效率性和效果性进行审查和评价，以防止高校资源浪费、减少高校管理漏洞，最终实现教育经费的合理配置。实际上，高校绩效审计侧重于提供建议和意见，实现高校健康长远发展。

②高校绩效审计的具体目标。高校绩效审计的具体目标包括以下几个方面：一是是否经济有效地取得、管理各种资源；二是教学和业务活动是否遵循经济性和效果性；三是是否为高校领导层决策提供依据；四是是否协调部门和人员关系；五是是否为部门团队提供决策指导。

（三）高校绩效审计的步骤

在开展高校绩效审计时，应遵循一定的方法和步骤，其审计程序如下，如图 5-1 所示。

明确绩效审计目标
对被审计单位的经营管理活动的适当性和有效性进行评价

确定绩效审计方法
根据审计内容的广泛性，审计人员可以灵活采取绩效审计方法

选择绩效审计评价标准
制定共性指标和具体指标

撰写绩效审计报告
对被审计部门的绩效情况进行明确且恰当的评价

图 5-1 高校绩效审计的步骤

1. 明确绩效审计目标

无论做什么事情，首先都要明确目标，如果缺乏目标的指引，则无异于在茫茫大海上前行，最终会迷失自己。同样，在进行高校绩效审计工作时亦是如此，第一步就是明确绩效审计的目标。

在绩效审计中，其一般目标是在被审计单位财务收支合法合规且真实的基础上，对被审计单位的经营管理活动的适当性和有效性进行评价，侧重于其经营管理活动是否实现经济性、效率性以及效果性。当然，根据不同的需要和实际情况，绩效审计可以针对某一业务三要素（即经济性、效果性和效率性）中的某一方面进行审查和评价。

2. 确定绩效审计方法

在工作生活中，恰当的方法可以起到事半功倍的作用。同样，在高校绩效审计过程中，审计人员需要确定绩效审计的方法，除了常规的审计方法之外，根据审计内容的广泛性，审计人员可以灵活采取以下方法，进而实现绩效审计效率的提高。

①数量分析法。对经营管理活动的相关数据进行分析和计算，并利用抽样方法对结果进行评价，以更好地分析出经济活动的效益。

②比较分析法。对经济活动的相关数据进行分析和比较，对数据之间的关系、趋势或者比率进行分析，以获取真实可靠的审计证据。

③目标成果法。根据实际产生成果和预期产生成果之间的比对，来评价被审计部门或项目的目标是否实现，即将产出成果和实现确定的目标或需求进行对比，最终确定目标实现的程度。

④问卷调查法。采用问卷的方式，对某种或某几种现象、事实等进行考察和调查，通过对收集的各种资料进行分析处理，对问卷进行总结分析，最终得到较为真实的信息。

⑤专题讨论会。召集经济活动的相关管理人员进行讨论，针对需要审计的项目或具体问题进行提问，以获得第一手信息。

3. 选择绩效审计评价标准

绩效审计评价标准的选择和制定，是绩效审计工作中的关键环节，具有较大的实际操作难度。

在绩效审计评价指标体系中，应包含共性指标和具体指标。因此，可以灵活选取可以体现出绩效审计对象特征的共性指标（即一级二级评价指标），然后结合具体绩效评价对象的目标，将其进行细化，以得到三级四级评价指标，最后对这些评价指标赋予科学的权重比值，进而形成完善的绩效审计评价指标体系。

4. 撰写绩效审计报告

绩效审计报告可以帮助高校领导了解高校的管理情况，为其提供具体详细的决策参考材料，同时反映被审计对象的绩效情况，具有非常重要的作用和意义。

①撰写高校绩效审计报告的原则。在撰写高校绩效审计报告时，应当遵循客观性、完整性、真实性、及时性、实用性、建设性、重要性等原则，这样才能真正撰写出具有实用价值的绩效审计报告。

②高校绩效审计报告的基本要素。在高校绩效审计报告中，应当包含以下七种基本要素：标题、收件人、正文、附件、签章、报告日期、其他。其中，正文是绩效审计报告的核心，包括审计概括、审计依据、审计发现、审计结论以及审计建议等内容。

在绩效审计报告中，除了撰写被审计部门的基本情况之外，还应对被审计部门的绩效情况进行明确且恰当的评价。一般而言，其评价结论可分为总体评价和分项评价，前者是指对被审计部门的整体情况做出的总体评价（或好或坏），后者是指对被审计部门的单个指标（如经济性、效率性、效果性等）进行的分析评价。其中，绩效审计报告不仅应从绩效的角度出发，对被审计部门存在的问题进行定性，并做出评价。同时，绩效审计报告还应围绕机制、体制、制度，对已经造成的影响或后果进行深入剖析，寻找到产生这些问题的根源性因素，并提出改善被审计部门绩效的具体办法和建议。

从上述高校绩效审计的程序步骤中，不难发现，绩效审计的灵魂在于科学的评价指标和评价标准体系，如果缺乏科学的评价指标，那么做出的绩效审计结论必然是有失公允的。目前，我国绩效审计的评价指标体系尚不健全，其评价标准亦尚待明确。在高校绩效审计的探索过程中，可以根据具体的情况和审计目标，暂时选择三个要素中的任意要素进行重点审计和评价。例如，在审计经济性这一要素时，可以主要从被审项目成本角度出发，对其实际成本与目标成本进行比较分析，然后提出有效的控制措施。

事实上，我国高校的绩效审计虽然起步较晚且开展尚不广泛，但各大高校均纷纷开启探索之路，在评价指标体系构建上，也在不断努力和探索。同时，国家和政府也在不断努力，颁布相关的法规政策，规范高校绩效审计的程序和方法，高校绩效审计将更加完善和成熟，发挥出它应有的作用，为高校持续发展贡献力量。

（四）高校绩效审计的难点

在高校绩效审计工作中，存在以下难点，导致高校绩效审计很难顺利开展，如图 5-2 所示。

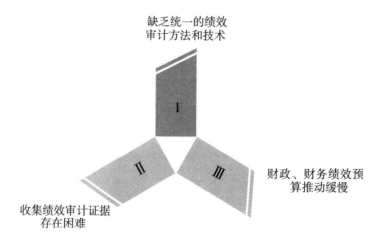

图 5-2 高校绩效审计的难点

首先，缺乏统一的绩效审计方法和技术。在绩效审计中，由于评价的对象不同，没有统一的方法和技术，只能依赖审计人员的经验和直觉，灵活选择和被审计事项适用的技术和方法，但这加大了绩效审计的风险，对绩效审计证据提出了更高的要求。

其次，搜集绩效审计证据存在困难。如果审计证据不充分或者缺乏证明力，必然会对结论的公正性产生影响，甚至造成严重后果。在绩效审计中，并不能像财务审计通过公认的准则或既定的程序收集证据，而是从多种渠道广泛收集证据，缺少可供遵循的准则和程序，因此绩效审计的证据收集相对困难且佐证力度也难以保证。在绩效审计工作中，内部审计人员需要始终特别关注证据的充分性和可靠性。

最后，财政、财务绩效预算推动缓慢。2018年9月，中共中央和国务院印发《关于全面实施预算绩效管理的意见》，对财政预算绩效管理作出部署，要求完善管理体系，健全管理制度，硬化管理约束。在三到五年内，根据管理体系全方位、全过程、全覆盖的要求，财政预算绩效评价实现全面覆盖。开展财政预算绩效管理成为高校财务管理工作的必然要求。由此可见，国家层面对财政资金管理要求已由关注预算经费使用进度向预算经费绩效管理转变。目前高校预算绩效管理业务开展、绩效管理制度和评价指标建设情况不容乐观，难以满足预算绩效全方位、全过程、全覆盖管理的需要。

二、高校绩效审计的内容

根据相关法律法规，绩效审计既可以同时对经营管理活动中的"三E"（即经济性、效率性和效果性）进行审查，也可以只侧重某个方面进行审查，其内容包括如下信息。

①经营管理活动的信息是否真实可靠。

②经营管理活动资源获取、配置、使用的合法性和合理性以及恰当性。

③经营管理活动既定目标的适当性和可行性，以及未实现既定目标的情况和原因。

④计划、决策、指挥、控制等主要的管理活动的效率。

⑤财务、采购、研发、生产等主要业务活动的效率。

⑥经营管理活动的社会效益和经济效益的实现情况。

⑦对内部控制及风险管理体系健全性和有效性的审查。

然而，在高校之中，绩效审计绝不只是简单地对资产进行评价，也需要关注人力资源配置、资金管理、人才培养等方面，其工作可以从以下内容着手。

（一）高校经济性分析

所谓经济性是指用较少的资源获得一定数量和质量的产品或服务。在绩效审计过程中，需要对高校的经济性进行评价和分析，其内容主要包括两个方面，即人才方面和物质方面。

1. 人才方面的经济性

对高校而言，其教育质量并不像生产物质产品那样，可以通过量化的数据进行检测，教育质量是很难进行界定和量化的。因此，在高校教育中，在"质量"和"成本"的抉择中，"质量"永远是第一位的，但高校需要把握适当的尺度，用较低的成本培养出高质量的人才。

在企业经营中，其基本环节包括供应、生产、销售等，但在高校之中，只存在招生和教学环节，人才的质量由高校自身验收。有时，为了降低高校耗费的资源，容易出现"低质量"人才。例如，高校为降低实践成本，很少开展实践课程，导致学生的动手操作能力有限，难以适应经济社会的要求。因此，高校的经济性不能仅以耗费最少的资源单方面进行评价，而是要重点评价和关注培养的人才质量，培养出高质量的人才才是对经济性最好的阐述。

2. 物质方面的经济性

对高校内部的基础设施等物质产品，也需要追求经济性，即以最少的资源，获得一定数量和质量的产品。例如，高校在购买电子设备、建造一栋教学楼时，需要考虑耗费最少的资源并获得最佳的产品或服务。因此，内部审计人员需要对物质方面的经济性进行审查和评价，以促进高校资源的充分利用，节约高校的资源。

（二）高校效率性分析

所谓效率性是指在经营管理活动中，资源投入和成果产出之间的对比关系，应从两个方面同时进行审计。

1.宏观方面

①避免结构性浪费。高校应合理规划并调整教育结构和布局，避免结构性浪费。在高校之中，如果高校教育结构不合理，必然会造成高校资源的浪费，很多高校已经逐渐意识到这一点，并开始进行结构和布局的调整。在进行绩效审计工作时，可以从这方面对高校效率性进行审查，以促进高校结构布局的调整。

②削减就业率较低的专业。人民满意的教育不能仅停留在"大众化"，更应关注优质的应用型人才教育，培养社会进步、经济发展所需要的人才，因此，高校应及时调整人才培养的专业结构，增设符合社会需求的新专业，削减就业率较低的专业。

如果某个专业的就业率持续偏低，一定程度上说明这个专业的人才"产能过剩"，社会可能并不需要该专业的人才或者需要量在减少。这个时候学校领导层需要在充分调研的基础上，对原有专业的招生指标进行适时调整或根据目前市场需求情况，对原专业进行优化打造，提升原专业的对口度。

熊丙奇学者指出："当工程师缺乏、合格的工科学生奇缺、优质工科生身价暴涨等新闻满天飞时，年轻学生逃离工科的现象却越来越严重。我国工科教育的问题，主要出在高校专业设置的问题上，人文、社会科学的就业，往往专业对口率低，类似'万金油'"[①]。

由此来看，有些高校确实存在专业设置的随意性、专业设置不合理、学生逃离工科专业等现象，这些都是对高校教育资源的浪费。因此，削减就业率低的专业可以降低高校的教育成本，在进行高校绩效审计时，可以从这方面对其进行评价和审查。

③关注对口就业率。在实际生活中，我们不难看到数学专业的人从事行政工作，艺术专业的人从事教育工作等现象。

《人民日报》曾经提出，高校不应简单关注就业率或追求好看的就业数字，而应从更深的层次考虑，结合就业和育人，帮助学生提升职业能力和综合素质，提升就业满意度和个性化的就业匹配度。

尽管职业并没有高低贵贱，实现人生价值也不仅一个选项，但我们

---

① 熊丙奇.如何治理"逃离工科"的教育困境[J].教育与职业，2010（19）：1.

不禁思考这样一个问题：高校的教育资源是否出现了浪费？就培养人才来说，每个专业培养人才的成本是不相同的，有些专业会花费大量的教育资源培养学生，如果学生不从事专业对口的工作，从某种程度上说是对教育资源的浪费，会加大人均教育的成本。因此，在进行高校绩效审计时，内部审计人员应关注专业对口就业率，促进高校精准就业的发展，减少高校教育资源的浪费。

2. 微观方面

效率性和经济性相关，两者都比较关注高校资源的利用，前者强调不浪费，后者强调耗费的资源最少。

《国家审计机关国际组织绩效审计实施准则》中指出，"效率性和经济性相关，它们都关注资源的利用"。

刘力云学者指出，经济性、效率性和效果性并不是简单的算术比，这三者之间通常没有明显的区分，在实际业务活动中，更是难以将三者完全割裂，尤其是经济性和效率性，仅单独评价某一项显得意义不大。

由此可以看出，效率性和经济性两者密不可分，效率性的评价离不开经济性，因此在微观方面，对高校效率性审计来说，同样可以应用高校经济性审计的方法和策略。

（三）高校效果性分析

罗宾斯学者认为，效果通常是指做正确的事，即从事的工作和活动有助于达到组织目标。

效果性是指对高校发展目标的实现程度，其主体是高校的发展目标。所谓效果性审计就是指对高校经营管理所达到的有效结果的程度进行审查和评价。

在高校绩效审计中，需要对效果性进行分析和评价，以促进高校发展目标的实现。例如，高校在进行信息化建设工作中，需要添置某些硬件设备，其目标是对高校事务进行信息化管理，便于数据的收集和处理，提升高校的工作效率。在这一过程中，内部审计人员应对其效果性进行审计和评价，即针对"无纸化""无等候"等目标实现的程度进行审计，并做出评价，以促进高校发展目标的实现。

第三节　高校绩效审计的特点、作用及应用

通过高校教育资金绩效审计不仅可以提升高校教育资金的使用效益，同时对转变高校机构的工作作风、防止源头和治理腐败，同样具有至关重要的作用。

一、高校绩效审计的特点

通过高校绩效审计，可以更好地将科研经费、管理经费等进行合理规范化使用，达到最佳的经济效益，并提升高校的办学质量，具有以下特点，如图5-3所示。

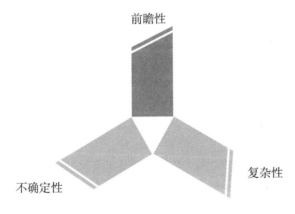

图5-3　高校绩效审计的特点

（一）前瞻性

在高校的科研教学活动中，其社会效益或经济效益并不是立竿见影的，往往需要一定的时间或周期才能看到教研效果。例如，在培养本科生人才时，高校需要历经四年的时间才能培养出相对优秀的人才，为社会创造一定的社会效益。又如，在科研活动中，高校需要经历一定的时间进行深入研究，才能获得一定的科技成果，进而创造经济效益。因此，高校的教学科研工作无法在短时间内体现出其效益。

高校绩效审计应从高校整体的发展水平出发，通过对高校当前的经济活动进行评价，进而做出对未来收益（包括社会效益和经济效益）的

预判，并提供相关发展建议或对策。从这个角度来说，高校绩效审计具有前瞻性，对高校未来发展至关重要。

（二）不确定性

不确定性是高校绩效审计的重要特点之一，这主要体现在以下方面。

首先，高校参与绩效审计的审计对象具有多样性。在高校之中，其职能部门繁多（包括各个学院中的职能部门），合作企业、附属单位数量较多，因此难以确定被审计对象的绩效审计效益，需要进行综合评价。

其次，高校具备的科研项目数不胜数，科研项目的性质不同，其作用自然各不相同。针对不同的科研项目，难以应用具体的指标或数字进行衡量或评价，因此难以确定科研项目的社会效益或经济效益，具有不确定性。

综合来看，在高校进行绩效审计工作时，难以准确衡量某项活动或业务所具有的经济性、效益性和效果性，因此有必要构建科学合理的评价指标，以促进绩效审计的健康发展。

（三）复杂性

和其他生产型企业不同，高校绩效审计具有一定的复杂性，主要体现在以下方面。

首先，高校的"产品"是劳动能力。所谓劳动能力，可以理解为人体中存在的、每当人生产某种使用价值时就运用的体力和智力的总和。[①]在马克思看来，教育所产生的劳动是一种复杂劳动，难以进行量化。

其次，高校的"产品"难以进行计量。由于高校提供的"产品"是劳动能力，因此其产品和生产行为密不可分，且一旦提供就会随即消失，很少留下痕迹，其"产品"没有实物形态，难以计量。而在我国高校绩效审计中，"衡量任何学校工作的根本标准不是收益的多少，而是培养人才的数量和质量"（《关于教育体制改革的决定》（1985 年）），这更增加了对高校绩效进行衡量的难度。因此，在高校绩效审计工作中，存在教育成本和定价困难、科研成本和定价困难的现象。

---

① 马克思.资本论：第一卷 [M].北京：人民出版社，1975：190.

最后，教育产出成果具有迟效性。高等教育的投入周期较长，培养学生到博士需要 20 多年的时间，才能为社会发展和经济增长做出贡献。其教育产出成果具有长效性和迟效性的特点。简单来说，高等教育需要经过知识转化和沉淀的周期，其收益需要经过较长的时间实现，并不能短时间内体现。

综上所述，高校绩效审计具有非常复杂的特点，因此高校在设计绩效审计评价指标时需要考虑上述因素。

二、高校绩效审计的作用

随着"双一流"学科的建设，高校面临着以有限的经费获得高质量教育产出的挑战，开展高校绩效审计已经迫在眉睫。

通过高校绩效审计，可以提高教育资源的使用效率和效果、加强高校财务风险控制、推动高校内部审计转型，其作用如图 5-4 所示。

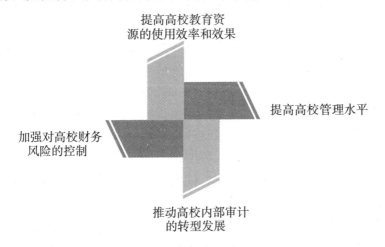

图 5-4　高校绩效审计的作用

（一）提高高校教育资源的使用效率和效果

随着我国经济和社会的发展，我国高等教育进入发展的新时代，国家对高校的资金投入越来越注重使用效率，加之高校之间的竞争日益激烈，对高校资金使用效率提出了新的要求。

高校不仅应该注重自身财务管理水平的提高，而且应该加强对教育资源使用效率的关注，在减少浪费高校资源的同时，提升自身的竞争力，主要体现在以下方面。

首先，为更好地提供教学环境、提升教学质量，各大高校纷纷在基础设施建设、学科建设等方面加大资源投入力度。与此同时，高校必然会面临这样的问题：如何监管这些资金的使用效率？如何衡量资金的投入和产出？高校办学质量和教育资源使用是否协调一致等，只有解决了上述问题，才能有效避免高校教育资源的浪费，进一步提升教育活动的经济性、效益性和效果性。通过高校绩效审计工作，则可以很好地回答上述问题，促进高校业务活动效益的提升，更好地监管教育资源的使用效率和效果。

高校绩效审计从评价入手，对高校业务活动进行审查和评价，以促进高校办学质量的提升，是不可缺少的内部审计领域之一。

（二）加强对高校财务风险的控制

在高校之中，存在的风险类型有很多，这些风险潜藏在高校的方方面面之中。其中，财务风险无疑是影响最大的风险，甚至有可能会使得高校的运转瘫痪。例如，不少高校为实现长远发展有时会举债以解决资金短缺的问题。然而，如果举债的规模过大，则会导致高校无力偿还贷款而出现财务风险。因此，高校往往会面临这样的问题：如何对举债规模进行界定和评价？如何解决高校举债带来的财务风险等，这些问题的存在是高校发展必须解决的问题，同时也是高校绩效审计越来越受到重视的原因。

在高校绩效审计中，其重点关注的是资金的使用效率和效果，因此往往会将资金使用效率和效果不大的项目进行筛除，从而降低高校的财务风险。同时，在高校绩效审计工作中，需要对相关财务指标进行量化、限制举债规模，这无形之中降低了高校盲目发展的风险，规避了高校的财务风险和经营风险，使得高校的筹划发展更加科学。

总之，高校的绩效审计可以有效加强对高校财务风险的控制，降低高校的财务风险和经营风险，具有重要的价值和作用。

（三）推动高校内部审计的转型发展

随着高校对内部审计部门的期望越来越高，内部审计的监督、评价和控制作用越来越重要和突出。

高校绩效审计则体现出内部审计的监督和评价作用，为高校的管理决策等提供重要的审计信息，是高校发展的信息支撑之一，体现内部审计的咨询和确认功能，可以推动高校内部审计的转型发展。

在新的形势下，高校内部审计部门应充分发挥出自身的作用，积极和高校其他职能部门合作，并为其他部门的内部控制建设提供建议和对策，推动高校审计向财务收支审计和绩效审计并重的方向转型。

（四）可以提高高校内部管理水平

开展绩效审计可以对高校的全面发展起到积极的促进作用，在绩效审计过程中，不仅可以及时发现高校存在的问题和风险，并可以及时进行纠正，节约高校资金的投入成本。同时，在绩效审计过程中，可以对内部控制系统进行改善和控制，有效提升各个部门的管理效率、改善服务质量，最终提高高校的管理水平。

三、高校绩效审计的应用

一般来说经济活动都有一定的经济效益，就离不开经济效益审计（或者说绩效审计）。可以说，经济效益审计具有广泛的实用性。

对高校而言，某些基础设施或仪器设备亦需要讲究经济效益。例如，某些高校的大型仪器一年使用机时不到 100 小时，而在其他一些高校这些仪器使用机时却超过了 1000 小时，具备更大的经济效益。因此，有必要对高校进行绩效审计，以提高高校资源的使用效益。

审计署和教育部相继颁布了一系列法律法规，提出"将绩效审计和财务收支审计、预算执行审计、经济责任审计相结合，积极开展绩效审计"，《审计署 2003—2007 年审计工作发展规划》指出"效益（绩效）审计要以揭露管理不善、决策失误造成的严重损失浪费和国有资产流失为重点"。同时，高校开始尝试将绩效审计和财务收支审计相结合，并取得了一定的效果，见表 5-4 所示。

表5-4　高校绩效审计的应用和成效

资料来源	应用范围	取得的成就
《1993 年教育审计年鉴》	积极向效益审计延伸	上海交通大学 1992 年审计基建修缮工程项目 11 项，核减资金总额 11.6 万元；华中理工大学进行"计算机经济效益审计分析"
《1994 年教育审计年鉴》	教育审计机构积极开展效益审计（包括项目投资使用效益、大型仪器设备管理和利用效益）、经济责任审计、经营承包合同审计等	重庆大学 1993 年共审核基建工程 24 项，核减金额 103.18 万元；天津大学在审计 1992 年财务决算中，重点审计了高校设备费用和科技产业发展情况，并提出相关建议；南开大学对高校合资公司进行审计，避免 75 万元不必要的经济损失等
《2000 年教育审计年鉴》	29 个省市和 44 所部属高校上报的材料	湖南省教育系统对 2223 项基建修缮项目进行审计，审计核减金额为 5192.79 万元，为国家节约了大量财政资金；河北省教育系统共计完成基建和修缮工程审计项目 756 个，审计核减金额巨大，节约了大量资金
《2002 年教育审计年鉴》	工程审计直接涉及高校基建投资的使用效益，是绩效审计的重要内容	大连理工大学开展教育经费投入、管理和使用情况的审计和审计调查，提高了资金的使用效益
《2004 年教育审计年鉴》	完成财政和财务收支审计、工程审计、企业经济效益审计、专项资金审计等各项审计项目	查出有问题的资金近 32 亿元，促进增收节支 11 亿元，取得较好的经济效益
《2005 年教育审计年鉴》	对专项审计调查、绩效审计结合展开实践	中山大学针对饭堂经营成本的热点问题进行审计调查，并提出相关措施，得到师生的一致好评；陕西师范大学对校医院的医疗收费标准进行核查，并重新核定收费标准，维护广大师生的利益
《2008 年教育审计年鉴》	36 个省市区（含计划单列市）及部直属高校共同完成经济责任审计、经济效益审计、预算执行与决算审计等项目	查出管理不规范的资金 40.87 亿元；纠正违规金额 3.97 亿元；发现经济案件线索，移送纪检部门 97 件；在基建工程项目中核减额 80.14 亿元，取得较好的经济效益

　　综上所述，绩效审计和财务收支审计的结合为高校取得了较好的经济效益，提升了高校资源的经济性、效率性和效益性。

　　高校开展绩效审计不仅可以有效降低高校的经济损失，而且可以提高高校的管理效率和水平，加强对高校财务风险的控制，且可以取得较好的经济效益，应用十分广泛。因此，高校要积极探索和尝试开展绩效审计，加快高校内部审计的转型发展。需要注意的是，高校绩效审计是一个独立的概念，有自身的框架体系，高校需要建设独立的绩效审计模式和工作方式。

第四节 构建高校绩效审计评价指标系统

在高校绩效审计工作中，其评价标准至关重要，只有保证评价标准的可靠性、客观性以及可比性，才能保证高校绩效审计的合理性和科学性，并被广泛认可。

本节主要讲解构建高校绩效审计评价指标体系的原则、类型、依据等基础知识，并在此基础上分析构建高校绩效审计评价指标体系的思路和对策，以帮助高校更好地开展绩效审计工作。

一、高校绩效审计评价指标体系的现状

构建一套实用的、得到业界广泛认同的评价指标体系是绩效审计规范化发展的关键和基础。

目前，我国在高校绩效审计领域尚无统一的标准，其研究主要集中在审计指标的构建方面，可以大致分为以下三类，如图 5-5 所示。

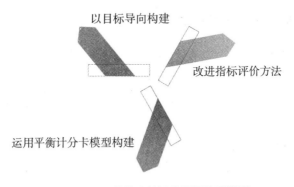

以目标导向构建

改进指标评价方法

运用平衡计分卡模型构建

图 5-5 绩效审计评价指标体系类型

1. 以目标导向构建

在该种构建方式中，以绩效审计结果的效益性为导向，从高校事业计划、预算编制、教育成本、投资比例、社会效益等方面展开，对高校的绩效进行审计。

2.运用平衡计分卡模型构建

在该种构建方式中，应用战略管理的思想进行绩效审计，即将平衡计分卡模型的四个维度和高校绩效审计进行联系，从而在四个维度（财务、客户内部流程、学习、成长四个方面）构建绩效审计评价指标体系。

卢宁文等学者，将平衡计分卡模型和预算管理结合起来，将绩效审计的目标看作是动态的战略管理过程，并设立总体和细化的目标，将目标层层分解，最终确定目标值。

3.改进指标评价方法

对高校绩效审计评价指标体系而言，这是一个多指标的评价体系，内部十分复杂而系统，不仅需要对每个具体的指标进行分析和评价，还要将所有指标联系起来，从整体的角度出发做出评价，是一件非常具有挑战性的工作。

因此，如何将这些评价指标有机融合成为当前构建绩效审计评价指标体系的难题和重点。

二、构建高校绩效审计评价指标体系的原则和依据

要想实现绩效审计结果的公正性和客观性，必须要制定绩效审计评价指标体系。

（一）构建高校绩效审计评价指标体系的原则

高校绩效审计应从实际出发，围绕绩效审计的目标，遵循一定的评价指标，这样才能进行科学合理的绩效审计。换言之，绩效审计的评价指标决定着绩效审计的效果。因此，构建绩效审计评价指标体系需要遵守以下原则。

1.全面性和科学性原则

由于高校的活动范围十分广泛，活动的性质和特点不同，其绩效审计目标自然有所不同。

所谓全面性原则是指，将不同的审计项目列入不同的审计对象，并将审计评价活动列入所属的评价指标体系，这样才能最大限度覆盖被审计对象的各个环节，从而对被审计对象作出全面的衡量和评价。

科学性原则是一切科学研究的共同原则，在设计高校绩效审计评价

指标时，需要准确把握评价指标的适当性和合理性、把握指标设计的完备性等，以确保评价指标体系的科学性，可以有效评估绩效审计的效果。

2. 可操作性和可行性原则

在制定绩效审计评价指标时，其指标应具有一定的可操作性和可行性，前者是指在满足绩效审计目标的前提下，需要从高校的实际情况出发，制定出易于理解和操作、易于表达且清晰明确的评价指标；后者是指审计队伍可以承担起绩效审计的条件，且被审计对象具备开展绩效审计的条件，同时具备获得相关数据的条件。

高校只有同时注重评价指标的可操作性和可行性，才能真正制定出切实可行的评价指标体系，保障高校绩效审计的顺利进行。

3. 客观性和相关性原则

所谓客观性，是指评价指标应当客观公正、真实可靠、来源合法，不会受到审计人员或被审计部门管理人员的主观影响，在同样的情形下运用这些评价指标可以得出一致的审计结论。

相关性是指评价指标应当和绩效审计的目标相关，根据评价指标可以得出主管部门需要的审计结论，科学合理地评价绩效审计的目标。

总之，在制定绩效审计评价指标体系时，应当遵循客观性和相关性原则，做到绩效审计评价指标的透明和公开，这样才能实施高质量的绩效审计，这是进行绩效审计的基础和保障。

4. 定量和定性相结合原则

无论是哪种考核评价体系，其应用都离不开定量分析和定性分析。因此，在制定绩效审计评价指标时，应当遵循定量和定性相结合的原则，制定出明确的绩效审计评价指标。

在进行绩效审计评价时，并不是所有反映高校绩效的内容都可以进行量化，尤其是高校在教学科研、人才培养方面的效益难以进行定量分析，这时则需要应用定性分析的方法进行评价，需要运用定性指标。而在高校工程建设、设备购买方面，则可以从数量上进行有效计算，可以应用定量指标。

5. 权责对等和可接受性原则

权责对等是指，评价指标所反映的活动必须是被审计对象可以控制的，且界定在被审计对象职责和权力控制的范围之内。

可接受性是指评价指标应当被社会公众、国家权力机关、被审计对象所接受和认可，认可程度越高，其绩效审计的效果就越佳。

总之，在制定高校绩效审计评价指标体系时，应当考虑到权责对等和可接受性原则，只有这样才能进行正确评价，提高绩效审计的水平和质量。

6. 成本和效益相结合原则

在制定绩效审计评价指标体系时，高校还应充分考虑内部审计的成本和效益问题。

在进行绩效审计时，需要占用一定的审计资源，包括人力资源、经费资源两方面，前者是指完成绩效审计工作所需要的内部审计人员数量，后者是指审计人员的外勤经费、差旅费等费用，需要花费一定的成本。因此，在制定评价指标体系时，其指标不宜过粗或过细，过粗则过于笼统，针对性不强，不能有效实现绩效审计的目标，过细则导致绩效审计成本的增加，增加内部审计人员的工作负担，且无法保证指标的相关性。

因此，在制定绩效审计评价指标体系时，应当仔细衡量成本和效益的关系，遵循成本和效益相结合的原则，制定出科学有效的评价指标体系。

7. 现实性和超前性相结合原则

现实性是指包含内在根据的、合乎必然性的存在，是客观事物和现象种种联系的综合。构建绩效审计评价指标要充分体现现实性原则。和其他考核评价指标体系相同，绩效审计评价指标应当考虑在具体实践中的可行性，在科学合理的基础上，从现实的状况出发，制定出符合实际情况的评价指标体系。

超前性是指评价指标应当具有一定的前瞻性，可以提前预测到高校绩效审计的未来发展方向，并针对发展制定相关的评价指标。

只有将现实性和超前性充分结合，才能发挥出评价指标的引导作用，推动高校绩效审计的有力发展。

（二）构建高校绩效审计评价指标体系的依据

在构建高校绩效审计评价指标体系时，应考虑以下几个因素，如图5-6所示。

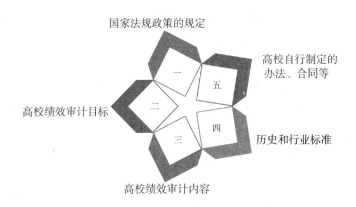

图 5-6　构建高校绩效审计评价指标考虑因素

1. 国家法规政策的规定

我国在审计工作方面做出了很多努力，并相继颁布了一系列法规政策等，为绩效审计提供了法律依据，且明确了绩效审计的概念、对象、程序和方法等，并对其做出了具体的规定。

因此，高校在制定绩效审计评价指标时，应充分考虑相关法规政策的内容，依据这些法规政策对绩效审计指标进行综合考虑，在符合相关审计法律规定的基础之上，设计科学合理的评价指标。

2. 高校绩效审计目标

高校绩效审计需要围绕一定的审计目标展开，如果没有目标或目标不明确，就难以有效进行绩效审计工作，因此，要想制定绩效审计评价指标，就必须搞清楚为什么要进行绩效审计或为谁进行绩效审计等基本问题，然后在此基础之上，围绕绩效审计目标制定相关的评价指标。

实际上，绩效审计的评价指标可以看作审计目标的注解和展开。因此，在制定绩效审计的评价指标时，应充分考虑绩效审计目标这一因素，将会对绩效审计形成有力的评价标准。

3. 高校绩效审计内容

在了解绩效审计的目标之后，还应掌握高校绩效审计的内容，这样才能做到有的放矢，最终制定出科学有效的评价指标，应充分考虑以下内容。

（1）高等教育的特点

高等教育以培养社会需要的、合格的、应用型人才为己任，但对高校来说，其教学科研工作、培养学生的效果并不是短时间可以体现出来的，这需要在制定绩效审计评价指标时考虑长期性、可行性等需要。

（2）高校绩效审计的范围

高校绩效审计的范围主要从两个方面进行研究，即公共资金的流动和公共服务职能。如果绩效审计的范围不同，其涵盖面自然有所不同，可能发生某些高校应当进行绩效审计却未进行审计的现象和情况，那么制定相关的评价指标就更无从谈起了。因此，在制定绩效审计评价指标时，应考虑高校绩效审计的范围。

（3）高校实际的发展情况

每个高校的具体情况是有差异的，随着高校规模的跨越式发展、高校合并学科建设等，各个高校在教育资源配置、资金投入力度、管理水平等方面各不相同，因此在制定绩效审计评价指标时，应当"因时制宜""因地制宜"，否则其指标不能如实反映高校实际的发展情况。

4. 历史和行业标准

从绩效管理的角度出发，其评价指标通常包括基本目标指标和卓越目标指标，前者是指对某个评估对象期望达到的水平，主要用来判断评估对象的绩效是否可以达到基本水平；后者主要用来判断评估是否可以超越现有水平。

正所谓"以铜为镜，可以正衣冠，以史为镜，可以明更替"，通过历史可以得到经验教训。因此，高校在制定绩效审计评价指标时，可以根据历史和行业标准为借鉴，采取的基本目标指标应参考历史水平。

5. 高校自行制定的办法、合同等

不同的业务活动具有不一样的目标，高校可以根据自行制定的办法、计划、可行性研究报告等，制定出符合实际情况的绩效审计评价指标。例如，在图书馆网络建设中，可以采用学生和教师的使用情况、学术资源的利用率等指标对建设目标进行评价，从而得出较为公正的绩效审计结果。

（三）高校绩效审计评价指标体系类型

由于绩效审计的目标可以分为一般目标和具体目标，因此其绩效审计评价指标亦可分为通用指标体系和具体指标体系两种。

1. 绩效审计通用指标体系

在理论界中，一般认为，完整的评价绩效的指标体系包括四个部分，即评价资源占用的指标、评价资源利用的指标、评价管理活动的指标以及评价社会效益的指标。

同样，在绩效审计评价指标中，根据资金的运行过程，其评价指标应包括投入类指标、过程类指标、产出类指标以及结果类指标。

在高校绩效审计中，由于其绩效审计目标的不同，并结合我国高校的特点和资金运行情况，高校绩效审计评价指标主要有经费指标、资源利用率指标、效果性指标以及管理指标。高校的管理经营活动各不相同，因此在对这些事项进行绩效审计时，应当围绕事项的"关键点"和"关键环节"构建相关的评价指标。

2. 具体指标体系

和通用指标体系不同，具体评价指标具有一定的针对性，是指审计人员和被审计对象双方认可的、具有可操作性的评价指标，可以根据实际的情况有所侧重和增减，十分灵活方便，可以根据以下途径构建相关的具体指标体系，见表5-5。

表5-5 高校绩效审计评价指标体系组成

绩效评价指标类别	绩效评价指标组成	具体评价指标组成
资源耗费指标	资金筹措指标	资金筹措效率、资金筹措利用率等
	资金使用指标	资金使用效率、资金使用利用率等
	财务管理指标	高校经营活动中资源的管理是否合理、资源的配置是否节约等
效率性指标	人力资源利用率指标	教师人均课时数、教师教学质量状况、行政管理人员工作能力等
	财力资源利用率指标	人均教学经费开支数额、设备购置开支数额、人均教学仪器开支数额、教师人均科研经费数额等
	物力资源利用率指标	图书借阅率、科研设备使用率、教室利用率、运动设施使用率、实验室利用率等
	人才培养指标	英语四六级通过率、专业必修课程优秀率、专业选修课程优秀率等

绩效评价 指标类别	绩效评价指标组成	具体评价指标组成
效益性指标	教育质量指标	优秀毕业生数量、就业率、从业率等
	科研能力指标	知名度、职称、学历、研读依据等
	社会声誉评价指标	招生第一志愿报考人数、主要专业在全国高校排名情况、高校获得的荣誉等
	社会对学生认可程度指标	企业对高校毕业生的评价、高校毕业生的就业结构等
管理类指标	学习发展规划指标	高校定位是否准确、高校专业和学科设置是否合理等
	学校各项规章制度健全有效性指标	高校规章制度的数量、高校规章制度的执行力度、高校规章制度是否全面等
	各项事业计划完成指标	高校人才培养目标（高层次人才及团队、师资结构等）完成情况、高校教学平台与教学成果完成情况、高校科研平台与科研获奖完成情况[①]、高校基础建设完成情况等

　　高校绩效审计评价指标体系的多样性特征，决定了其建立是一个综合复杂的过程，特别是指标体系中许多定性指标难以统一量化，而评价结果却要求能够全面反映高校绩效的真实水平，如果评价只采用优、良、中、差四个等级度量指标因素，将会产生较大的结果误差。因此，可以赋予不同评价指标具体的比重，以更加客观、公正地对其进行评价。

　　需要注意的是，针对具体的评价标准，高校需要针对问题灵活采取不同的评价指标并利用模糊算法等赋予各指标科学的权重，以合理确定绩效审计评价指标标准值或是参考值。

　　现在以高校科研能力指标为例，对高校的具体评价指标进行阐述，具体到审计的目标，则更为细致，绩效审计的内容会包括上述各个环节，需要收集专家的知名度、职称、学历、判断依据等信息或记录，然后采用模糊算法、构建模糊隶属度矩阵等进行计算，以计算出最终的评价结果，见表5-6。

① 《2022 年度省属高校高质量发展综合考核实施办法》苏考发〔2022〕4 号。

表5-6 高校科研能力评价标准体系

项目	评价标准和分值
知名度	国内著名学者、国内知名学者、一般专家（分值分别为10、9、8）
职称	正高、副高、中级（分值分别为10、9、8）
学历	博士及博士后、硕士、本科（分值分别为10、9、8）
判读依据	理论分析、参考学术著作、经验判断（分值分别为10、9、8）

1.确定绩效审计评价因素集合和评语集合

高校绩效审计评价因素集合 A={X，Y，Z，H}，其中 X，Y，Z 分别为三个因素子集，并将子集中的每个因素 X_{ij}，Y_{ij}，Z_{ij}，H_{ij}，（i=1，2，3）（j=1，2，3）优劣程度划分为好、较好、一般、较差四个等级，即形成评语集。假设评语集四个等级中各等级的分值标准分别为4分、3分、2分、1分；当指标等级介于两相邻等级之间时，相应的评分为3.5分、2.5分、1.5分。

2.界定绩效审计评价指标权重

评价指标的权重直接决定着评价结果的优劣，是高校绩效审计评价的关键所在。为了使评价指标的权重更为科学、合理，可以采用层次分析法来确定指标的权重（见表5-6）。假设专家组有4位专家，其各自的自我评价值为 G_t（t=1，2，3，4，），且 $G_t=a_t b_t c_t d_t$（t=1，2，3，4，），其中 a_t，b_t，c_t，d_t，分别代表第t位专家的知名度、职称、学历、判断依据。第t位专家的可信度 = $G_t / \sum_{t-1}^{n} G_t$（t=1，2，3，4，），专家可信度向量则为 w=（w_1，w_2，w_3，w_4）。

评价体系的原始数据源于审计人员围绕绩效审计所获取的相关数据，经过评价目标设定、评价目标分解、评价指标选取、评价方法确定等步骤完成绩效审计综合评价，最终得到绩效评价信息，并把它作为评判高校绩效管理水平的依据。

从上述内容中可以看到，针对具体的事项进行绩效审计时，其评价指标往往更加细化，仅从一般性指标出发进行绩效审计是难以达到预期目标的，应当做到对具体指标有所侧重和增减，对定性、定量指标的权重和方法等做出规定，及时调整具体的评价指标，这样才能得出真实、可靠、客观的绩效审计结论。

三、构建高校绩效审计评价指标体系的思路

在构建高校绩效审计评价指标体系时，内部审计人员可以从以下方面着手，以更好地制定出评价指标体系。

在构建高校绩效审计评价指标体系时，应从经济性、效率性和效果性三个角度出发，对现有的评价指标进行整理和调整，以形成具有高校特色的绩效审计评价指标体系。

（一）明确高校绩效审计的范围和方向

在高校绩效审计中，其审计范围主要包括经费支出和资源利用两大方面，前者包括教学科研、学科建设、后勤保障、校办产业等项目；后者包括高校有形的实物资产（如房屋、硬件设备）和无形资产（如专利技术、高校品牌、人力资源等）。在构建高校绩效审计评价指标体系时，首先应该明确绩效审计的范围和方向，这样才能确定评价指标的范围，以科学合理地制定相关范围内绩效审计的评价指标。例如，在对后勤保障进行绩效审计时，需要考虑哪些指标可以有效衡量后勤保障绩效，如可以用教师、学生的就餐率、师生对食堂的满意度、图书利用率、教师、学生的检索率等指标进行评价，而不是师生比、各类工作人员比重等指标进行衡量，以得到真实、可靠、客观的绩效审计结论。

（二）构建基本的评价指标

对高校绩效审计而言，应始终坚持三大类评价指标，即经济性指标、效率性指标和效果性指标，这是进行绩效审计最基本的评价指标。

1. 经济性指标

经济性更多关注高校在资源投入和使用过程中合理性以及成本节约的程度，目的是协助管理层节约资源、提升组织价值、改善管理水平。因此，在高校绩效审计过程中，其经济性的关注重点是投入和整个过程中的成本，即高等教育资源的购买和应用是否足够经济合理。根据经济性指标的要求和目的，其评价指标内容应当设置为以下内容。

①教育资金的取得和使用是否足够节约，有无浪费行为。

②人力资源的配置是否足够恰当。

③房屋、设备、图书等物力资源的取得和使用是否足够合理，是否遵循相关法律法规。

④高校行政管理部门的内部控制系统是否足够健全。

（5）高校管理层提供的经济活动的信息是否真实可靠。

2.效率性指标

效率性是指投入资源和产出成果之间的对比关系，目的是优化业务流程、提高经营活动的效率、衡量高校资源的利用效率，其评价指标内容应当设置为以下内容：考察高校资源投入与产出的对比关系；综合分析高校资源配置、管理和使用是否合理，并评价和监督高校内部和部门资源的利用情况。

3.效果性指标

效果性是指高校从事经济活动或经营活动时，实际取得的成果和预期取得成果之间的对比关系，其目的是评价高校活动既定目标的实现程度，协助高校管理层改善经营策略、提高经营活动的效果，其效果性指标内容如下。

①高校具备的教学基础设备和环境。

②高校学生的类别和数量、学生的毕业率和就业率及质量。

③高校科研成果的数量和获奖率、科研投入和产生。

④高校社会满意度和在全国的知名度等。

在制定效果性指标时，高校应当从上述评价指标内容出发，科学合理制定相关评价指标，并重视负面影响因素，这样才能更加准确制定出改进措施。

总之，这三类评价指标引导着高校绩效审计的发展，针对具体的项目和事项，可以在这三大指标的基础之上，不断进行细化，制定各种较为详细和具体的指标（如师生比指标、图书利用率指标等）以更好地推动高校绩效审计的发展。

（三）可先从重大项目逐步推广

目前，我国高校的绩效审计处于起步阶段，相关经验和理论并不成熟，因此可以从重大项目中逐步探索和研究，进而实现高校整体开展绩效审计。

1. 逐步推行高校经费绩效评价

目前我国高校经费绩效管理还处在起步阶段，尚没有成熟的理论和机制可以进行指导，只能借鉴国外高校在经费绩效管理方面的经验和措施，因此还有很长的道路要走。

首先，建立高校经费绩效管理机制。高校应当针对高校经费建立健全相关的管理机制，设置专门的负责人和管理机构，逐渐形成较为成熟的经费绩效管理系统，对高校经费进行科学合理的绩效管理。

其次，建立高校经费绩效评价机制。在建立高校经费管理机制之后，需要对绩效管理机制进行审计和监督，对其进行评价，这样才能促进高校经费绩效管理的完善和成熟。

总之，高校绩效审计是一个长期的过程，不能追求"一蹴而就"，需要逐步推行。而高校经费的来源比较清晰，发展也相对成熟，因此可以先从高校经费的绩效审计开始，然后由点及面、由局部到整体，最终实现高校绩效审计工作全覆盖。

2. 可先推动项目和专项资金的绩效管理

对目前高校绩效审计而言，并不宜全面推行，因为各方面条件尚不具备，全面展开反而会顾此失彼。可以先从项目和专项资金的绩效审计开始，在取得一定的经验之后，然后逐步拓展高校绩效审计工作的领域。例如，高校内部审计部门可以对特色重点学科专项资金、优势学科专项资金、"2011计划"专项资金、双高项目建设专项资金、双一流建设专项资金等进行绩效审计，重点关注这些专项资金的经济性、效率性和效果性，从而提升高校资金的使用效益。当然，高校内部审计部门也可以针对某一项目（如助学贷款、实验室建设等）进行绩效审计，以提升高校资金和资源的管理效益和使用效益。

总之，高校绩效审计评价指标是审计人员衡量和评价被审计项目效益的标准和尺度，是进行绩效审计的依据。当然，由于各个高校的发展目标、审计项目等各不相同，因此绩效审计评价体系应是灵活多样的，高校可以根据实际情况制定适用的评价指标。

第六章　高校专项审计调查

高校专项审计调查的目的是揭示高校内部存在的普遍性和倾向性问题，分析问题的成因，提供具有可操作性的建议，为高校管理层的决策提供参考，其是高校内部审计中不可或缺的审计领域。

本章主要对高校专项审计调查的规定、作用、特点、内容等进行简单介绍，并通过具体的案例讲解，帮助高校了解和掌握专项审计调查的流程和优势，旨在为高校开展专项审计调查提供思路和方案。

第一节　高校专项审计调查含义及作用

1994 年，我国在颁布的《中华人民共和国审计法》中首次明确专项审计调查的法律地位，为高校进行专项审计调查奠定了法律基础。随着内部审计的发展，2015 年，我国教育部在《教育部关于加强直属高等学校内部审计工作的意见》（教财〔2015〕2 号）中规定，"适时开展专项审计调查……利用审计反映制约发展、阻碍改革的措施规定，揭示内部管理存在的风险漏洞"。

本节主要介绍了高校专项审计调查的规定和含义，并对高校专项审计调查的作用和价值进行阐述。

一、高校专项审计调查

专项审计调查是高校内部审计不可或缺的重要组成部分，其为高校领导提供着宏观的决策依据，有利于高校的政策调整。

（一）专项审计调查

专项审计调查在我国发展较晚，直至 1994 年，我国才首次明确专项审计调查的法律地位。

1.审计法规中的专项审计调查

1994 年，《中华人民共和国审计法》第二十七条规定"审计机关有权对与国家财政收支的特定事项，向有关地方、部门、单位进行专项审计调查，并向本级人民政府和上一级审计机关报告审计调查结果"，明确了专项审计调查的法律地位。随后，1997 年《中华人民共和国审计法实施条例》（国务院令第 231 号）、1998 年《审计署职能配置内设机构和人员编制规定》（国办发〔1998〕40 号）、《审计机关专项审计调查准则》（审计署令第 3 号）和 2010 年《中华人民共和国国家审计准则》（审计署令第 8 号）等相关法律法规均在法律层面明确了专项审计调查的地位，对专项审计调查提出相关要求，要求审计机关开展专项审计调查工作。

从 1995 年到 2009 年，自审计法施行以来，我国审计机关共审计调查单位 427148 个，占同期审计单位总数的 16%，呈逐年上升趋势。以安徽省为例，2021 年，全省审计机关共审计和专项审计调查 3434 个单位，查出违规问题金额 34.22 亿元、损失浪费问题金额 3.18 亿元、管理不规范金额 497.68 亿元，审计促进增收节支、挽回或避免损失共 39.54 亿元。① 这意味专项审计调查越来越受到人们的重视和关注，将专项审计调查作为一项内部审计活动必不可少。

2.教育系统中的专项审计调查

在教育系统中，专项审计调查逐渐成为高校内部审计的重要领域，国家亦颁布了一系列规定，对高校专项审计调查提出明确要求。

1990 年，《审计署关于加强教育经费审计工作意见的通知》（审农字〔1990〕115 号）中规定"对一些带普遍性倾向性问题进行专题调查"，随后又相继颁布了《教育部关于认真贯彻第三次全国教育工作会议精神

---

① 安徽网.安徽省审计和专项审计调查 3434 个单位 [EB/OL]. [2022-01-22]. https://baijiahao.baidu.com/s?id=1722615864156761760&wfr=spider&for=pc.

进一步加强教育审计工作的若干意见》(教财〔1999〕25号)、《教育部系统内部审计工作规定》(教育部令第17号)、《教育部关于加强直属高等学校内部审计工作的意见》(教财〔2015〕2号)等,提出高校适时开展专项审计调查的必要性。

2016年,为规范教育系统的专项审计调查工作广东省结合自身的实际情况,制定《广东省教育系统的专项审计调查办法》,明确规定专项审计调查的内容、范围、方法等规定,为高校进行专项审计调查提供相关参考和借鉴。

(二)高校专项审计调查

1. 专项审计调查的概念和高校专项审计调查

专项审计调查,原本是指审计机关应用审计和调查的工作手段,对和国家财政收支的相关事项或本级人民政府交办的特定事项,向有关地方、单位、部门进行的专门调查活动。同样,在高校之中,内部审计部门借鉴这种工作思路和工作手段,对高校领导交办的特定事项进行专门调查,并将调查结果报告上级领导,可以进一步提升高校内部审计的水平。

总之,在高校专项审计调查中,其调查实务可以分为两个方面:一是政府审计机关和教育部门等对高校开展的专项审计调查;二是高校内部审计部门开展的专项审计调查。

国内高校专项审计调查主要集中在两方面,即政策跟踪审计和专项审计调查。2015年2月26日,《教育部关于加强直属高等学校内部审计工作的意见》(教财〔2015〕2号)第19条规定"探索开展重大项目、重要政策跟踪审计"和第20条规定"适时开展专项审计调查"即是体现。

2. 高校专项审计调查的类型

根据专项审计调查对象的不同,可以将专项审计调查分为以下四种类型。

(1)以高校整体为对象

如果以高校整体为对象进行专项审计调查,那么实施审计调查的机构会有两种:一是政府的教育部门、财政部门和审计机关;二是高校内部审计部门。前者往往是以若干个高校为基本单位，对所属省份或市的所有高校进行专项审计调查，后者是指高校内部审计部门对高校整体（即所有部门或事项）进行的专项审计调查。

在以高校整体为对象的专项审计调查中，其审计调查事项往往是以高校的经济绩效专项为主。

（2）以高校政策为对象

在对高校政策进行专项审计调查时，其审计调查主体既可以是政府的机关，也可以是高校内部审计部门。

需要注意的是，在这种类型的专项审计调查中，其仅针对政策进行调查，而不会审计调查其他事项。如高校"双一流"建设与高校专项资金绩效专项调查。

（3）以高校某一项目为对象

在对高校某一项目进行专项审计调查时，其审计调查主体既可以是政府机关，也可以是高校内部审计部门。例如，在高校基建工程项目中，高校内部审计部门针对这一项目进行专项调查审计，可以更加全面系统地调查出在该项目中存在的突出性和倾向性问题，做到未雨绸缪，保证基建项目的顺利进行。

（4）以高校资金为对象

在对高校某一资金进行专项审计调查时，其审计调查主体既可以是政府的机关，也可以是高校内部审计部门。

高校资金的使用可以细分为很多领域，内部审计部门如果对高校资金进行全面审查和评价，不仅消耗了人力物力，不能有效突出重点，还会造成审计资源的结构性浪费。如果针对高校某专项资金进行专项审计调查，则会大大提升监督质效。

3. 高校专项审计调查的方法

根据《中华人民共和国国家审计准则》（审计署令第8号）第九十二条规定，"审计人员可以采取下列方法向有关单位和个人获取审计证据"，见表6-1。

表6-1 法规中获取审计证据的方法

方法名称	方法定义
检查	对纸质、电子或其他介质形式存在的文件、资料进行审查，或者对有形的资产进行审查
观察	以书面或口头的方式向有关人员了解审计事项的信息
询问	查看相关人员正在从事的活动或执行的程序
外部调查	向与审计事项有关的第三方进行调查
重新计算	对有关业务程序或控制活动独立进行重新操作验证
重新操作	以手工或信息技术的方式对相关数据计算的正确性进行核对
分析	研究财务数据之间、财务数据和非财务数据之间可能存在的合理关系，对相关信息作出评价，并关注异常波动和差异

因此，专项审计小组可以使用上表中的审计方法进行调查，也可以应用其他调查方法，如经常采取的调查方法有以下几种。

①审阅调查法。

②重点调查法。

③问卷调查法。

④访谈调查法。

综上所述，审计小组在进行专项审计调查时，根据审计调查事项的不同，可以灵活采取不同的审计方法。

二、高校专项审计调查的作用

通过高校专项审计调查，不仅可以提高高校领导层的科学决策水平、提高高校治理和管理能力，还可以提高高校审计实务质量，如图6-1所示。

图 6-1 高校专项审计调查的作用

（一）提高高校领导层科学决策水平

由于高校专项审计调查是对高校领导交办的特定事项或某项政策进行跟踪调查，因此可以清晰地反映出高校在发展或改革中存在的突出性问题，对这些问题的产生原因和风险等进行深入分析，提出具有针对性、可操作性的建议和措施等，可从宏观层面厘清高校的发展脉络，最终为高校领导层提供科学合理的决策依据。

通过专项审计调查，高校领导层可以及时地全面了解政策的执行情况、某专项经费使用情况等真实信息，从多个备选方案中作出最佳选择，提高科学决策水平。

（二）提高高校治理和管理能力

高校专项审计调查可以发现高校中具有代表性或倾向性的问题，并及时将问题扼杀在摇篮之中，可有效提高高校的治理和管理能力，其主要体现在以下几个方面。

首先，在高校经费的管理方面，通过专项审计调查，即针对某项专项资金（如科研经费、财务经费、管理经费等）进行审查和评价，审查其使用是否合法、科学、合理、有效，可以有效发现高校经费方面的问题，并及时针对这些问题采取相关的措施，做到防微杜渐、未雨绸缪，预防资金使用低效甚至无效的情况。

其次，在高校政策执行的方面，通过专项审计调查，对政策进行全过程跟踪，了解政策的执行程度和情况，为高校领导做出进一步措施提供参考。同时，通过对高校政策的跟踪调查，有效促进高校政策的落实和实施，可促使高校相关政策发挥其应有的作用。

总之，通过高校专项审计调查，可以发现高校教育活动运行中的突出问题，并及时做出相关的部署工作，以提高高校的治理和管理能力。

（三）提高高校审计实务质量

和其他类型的审计工作不同，高校专项审计调查具有较强的针对性和排他性，其运用问题倒逼思维发现高校管理中的新问题，拓展了高校内部审计的新领域，也丰富了高校审计的实践经验。

首先，高校专项审计调查是一种新的审计领域，相关学者和专家不断对其进行理论创新、制度创新和方法创新，极大程度上丰富了高校内部审计的实践体系，还为拓宽高校审计领域起到至关重要的作用。

其次，高校专项审计调查针对特定的项目、特定的活动进行审计，具有极强的针对性，其能有效促进高校经费、资源的合理利用。高校之中，存在很多活动事项，内部审计部门在进行审计工作时，并不能面面俱到。如果应用专项审计调查，就可以针对某项重点事项进行调查，有效避免疏漏。因此，从某种程度上来说，高校专项审计调查是对高校内部审计职能的完善和发展，有利于提升高校审计实务质量。

总之，专项审计调查具有重要的理论意义和实践意义，高校应当对其进行不断的探索和发展。

第二节　高校专项审计调查内容及特点

对高校专项审计调查而言，其是为落实高校领导交办的特定事项而专门开展的调查活动，具有确认服务和咨询服务的功能，通常采取以下三种形式实施。

①内部审计人员独立完成。

②内部审计人员为主导，高校内有关经济活动领域专家或专业的社会中介机构协同配合。

③全权由社会中介机构负责。

总之，和其他常规审计项目不同，专项审计调查的目的、范围、对象等均有所不同。具体来说，专项审计调查的目的性更强，其关注高校运行中存在的突出性问题或某些政策部署的实施情况；专项审计调查的程序更加简单灵活，其可以不征求被调查部门或单位的意见，也无须出具结果性文书；专项审计调查的涉及对象更加广泛，对和高校运行相关的特定问题进行剖析，其调查对象的数量（样本）能达到一定规模，反映出的结果也更具有代表性。

因此，通过高校专项审计得出的结论站位会更高，可以作为高校领导进行宏观决策和政策调整的依据，更好地发挥内部审计"顾问和参谋"的作用。

一、高校专项审计调查内容

和高校其他类型的审计不同，专项审计调查具有针对性，其调查的内容往往涉及高校具体的政策或某一项具体的事项，可以更加全面地发现并找到体制或机制中存在的问题。

（一）高校专项审计调查的范围

根据相关的法律法规，专项审计调查的内容可以分为以下四种：一是涉及宏观性、普遍性、政策性或者体制、机制问题的；二是事项跨行业、跨地区、跨单位的；三是事项涉及大量非财务数据的；四是其他适宜进行专项审计调查的。[①]

同时，广东省对高校专项审计调查进行探索，对专项审计调查的范围进行了拓展，并在《广东省教育系统专项审计调查办法》中，对专项审计调查的内容进行了具体规定，主要包括 10 条，如图 6-2 所示。

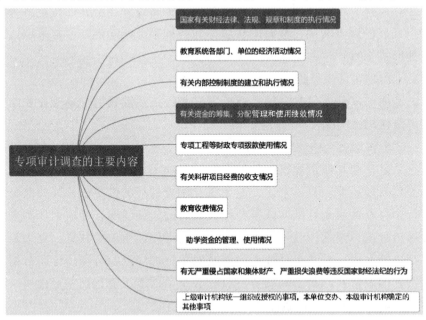

图 6-2　实施专项审计调查的主要内容

[①]　审计署.中华人民共和国国家审计准则 [S/OL].（2010-09-01）[2021-12-16].
https://www.audit.gov.cn/n6/n36/n10083973/c10212096/content.html?jump=ture.

综上所述，本书认为高校专项审计调查的内容如下。

①和高等教育、财政相关的，涉及宏观性、政策性、普遍性或者体制问题的事项。

②和高等教育、财政相关的，跨行业、跨单位或者跨地区的事项。

③和高等教育、财政相关的，涉及大量非财务数据的。

④其他适宜进行专项审计调查的事项。

（二）高校专项审计调查流程

一般来说，高校专项审计调查分为四个阶段，即立项阶段、准备阶段、实施阶段、报告阶段。

1. 立项阶段

对高校专项审计调查来说，调查立项是非常关键的步骤，这直接影响着审计调查能否顺利进行。选择事项时需要满足以下要求。

首先，目标明确，不能偏离党和政府对高校重大决策的部署，不能偏离人民对高校的期望。

其次，重点突出。调查审计的特定事项应为高校中的热点、焦点、难点和重点问题，最大限度地实现审计资源优化配置，提升审计质效。

最后，选取具有代表性和典型性的事项。通过审计调查高校中具有代表性或典型性的事项，着力解决高校经济活动中存在的普遍性、倾向性问题，对其他事项形成一定的监督推动作用，促进高校健康稳定的发展。

总之，只有做到精准、科学的选题和立项，才能做到事半功倍，以较少的资源获得较大的收益。

2. 准备阶段

在高校专项审计调查阶段，内部审计部门选定调查事项之后，就应当做好审计调查准备，包括以下内容。

（1）成立专项审计调查小组。针对特定的事项成立专门的调查小组，以更好地推进对特定事项的审查和评价工作。因此，高校内部审计部门应成立调查小组，并指定相关负责人，由其统筹专项审计工作。

（2）制定专项审计调查方案。开展专项审计调查工作之前，需要制定相关的方案，按照方案进行审计调查工作，以做到有条不紊。专项审计调查方案包括专项审计调查的目的、内容、范围、对象、程序、方法、参与人员、起止时间等信息，对这些审计小组需要提前进行准备和设计。

（3）对被审计调查部门或单位发出通知书。尽管在开展专项审计调查工作时，并不用征得被审计部门或单位的同意，但仍旧需要发送《专项审计调查通知书》，进而保证被调查部门或单位可以提前准备相关资料，以提升调查的效率。

3.实施阶段

在制定专项审计调查方案之后，内部审计小组就可以实施调查工作了，即根据相关方案，应用专项审计调查的方法，重点关注事项的合法性、合规性和合理性；如果调查的是政策的执行情况，则可以采用问卷调查的方法。在实施调查时，审计小组应注意以下几点。

①注意依法进行专项审计调查，规范审计调查的行为。

②选用科学的专项审计调查方法。

③收集专项审计调查的证据，保证证据的充分性和科学性。

④对审计证据进行分析和判断，做出取舍。

⑤正确编制、审核专项审计调查的工作底稿。

⑥准确撰写专项审计调查结论，并做出客观科学的评价。

⑦审计小组提出专项审计调查的措施和建议。

4.调查报告阶段

在专项审计调查实施结束之后，审计小组应当整合相关资料和数据，撰写专项审计调查报告，并将报告报送到派出审计组的领导部门。专项审计调查报告由三部分组成，即专项审计调查报告、审计决定书、审计移送处理书。审计小组在撰写专项审计调查报告时，应当根据调查目标对机制或机制问题等进行重点分析，提出改进意见。

在专项调查审计报告撰写结束之后，审计小组应当对所有的资料和数据进行整理和归档，包括审计调查的项目计划、方案、证据、工作底稿、调查报告等。至此，高校专项审计调查工作宣告完成。

二、高校专项审计调查特点

选题的科学性和时间的及时性是专项审计调查最主要的特点，此外专项审计调查还具有目标的宏观性、方式的多样性、领域的广泛性的特点，如图 6-3 所示。

图6-3 专项审计调查的特点

（一）选题的科学性

选题的科学性是专项审计调查的基本特征，应选择"难点"问题进行专项审计调查，其科学性体现在以下方面。

首先，选题应具备实用性或有用性，应当经得起实践的检验，需对高校的发展有一定的价值和作用。

其次，选题应具备理论支撑，具有严密的逻辑。

一般而言，专项审计调查的选题应具备以下四个特点，即目标宏观、关注倾向性问题、关注突出性问题、针对专题，这样才能实现选题的科学性，如图6-4所示。

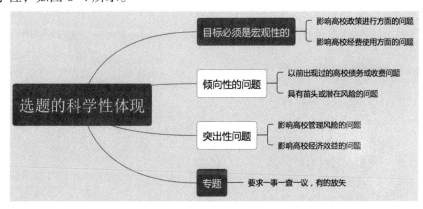

图6-4 选题的科学性体现

（二）时间的及时性

所谓时间的及时性是指，高校在进行专项审计调查时发现的问题应及时解决，不能只是为了应付检查或考核，若专项审计调查流于形式，就使得问题越来越多，最终"积重难返"。

同时，时间的及时性还包括调查信息的及时传递。某种程度上来说，专项审计调查的反馈信息传递的越及时，其价值就会越高，滞后的信息不仅无助于决策层科学决策甚至还会产生误导。例如，及时对科研经费开展专项审计调查，对其带有倾向性的问题及时掌握其产生的原因，快速得出专项审计调查结论并及时传递，高校领导就可以从制度和法规方面对相关事项进行约束，将问题消灭在萌芽阶段。

（三）方式的多样性

专项审计调查具有审计和调查的双重属性，因此既可以采用常规的审计方法，还可以应用调查的方法，审计调查方式可以多样和灵活。例如，在专项审计调查中，可以用统计资料、审核被调查部门的会计资料等方式进行调查，也可以通过走访相关部门和个人进行调查。

同时，专项审计调查，不仅可以独立的开展审计调查，还可以与项目审计、绩效审计、专项资金审计等相结合进行。从这个角度来说，专项审计调查的方式亦具有多样性。

（四）目标的宏观性

专项审计调查通过对被审计部门或单位存在的突出性、普遍性问题进行系统地调查和分析，可以为高校领导层提供真实可靠的信息，使其及时掌握高校的运行情况、专项审计具有极强的目的性和政策性，其提供的信息层次更高，为宏观决策服务。

总而言之，专项审计调查以宏观为目标，从微观审计入手，提供具有参考价值的宏观信息。

（五）领域的广泛性

涉及的领域较为广泛，是专项审计调查的又一个重要特征。

专项审计调查的调查对象应具有一定的数量和覆盖面，才能揭示出高校中存在的普遍性问题。并且，专项审计调查同时具有行政属性和社会属性，因此其不会受到管辖范围的限制，可以涉及高校的多个层面或部门。从这个角度来看，专项审计调查涉及的领域具有广泛性。

第三节　高校专项审计调查案例分析

随着高校科研经费的大幅增长，个别高校对科研经费的管理尚不到位，导致贪污舞弊行为滋生。因此，有必要对高校科研经费管理和使用情况进行专项审计调查，以确保"物尽其用"。

本节以 A 省某高校对科研经费的专项审计调查为例，针对审计调查中发现的问题和原因进行分析，旨在展示如何促进高校科研经费的有效使用。

一、高校专项审计背景

一般而言，高校的科研经费可以分为纵向经费和横向经费两种，前者是指各级政府部门批准立项并拨款的科研项目经费，后者是指各企事业单位社会团体等出资委托高校研究的科研项目经费和科技成果（包括专利）的转让费用等。

随着高校的不断发展，高校科研经费的数额不断增加，为使科研经费得到更加高效的利用，高校领导下达指示：请审计处根据上级文件要求，结合高校的实际情况，对高校科研经费领域的建设情况进行审计，提出相关的审计意见。

高校内部审计部门研究后，首次落实此项任务的工作目标，即以推进高校科研经费管理和使用为定位，以高校资产管理为核心，对高校科研经费管理和使用情况开展专项审计调查。通过梳理、完善和分析科研经费管理现状，对高校科研经费使用情况的缺陷和风险点进行调查，提出完善和优化科研经费管理运行机制、相关制度的审计意见和建议，建立健全高校科研经费管理体制，提升高校科研经费防控能力。

二、专项审计调查目标和范围

高校内部审计部门在开展专项审计调查之前，必须明确审计调查的目标和范围，这样才能做到有的放矢，抓住审计调查的重点，更好地完成专项审计调查任务。

（一）专项审计调查目标

高校对教育科研越来越重视，投入的资金越来越多。然而，并不是所有的科研经费都可以做到物尽其用的，某些情况下，科研经费的使用存在不规范、效益低下等问题，如科研经费被侵占或挪用、购买的科研仪器设备长期闲置等，都严重影响着科研经费的使用效益，不利于高校资金的安全和完整。因此，对高校科研经费的管理和使用情况进行专项审计调查，有利于促进高校科研经费体系的建设和完善。

通过专项审计调查，掌握高校科研经费管理和使用的具体情况和现状，揭示出在科研经费管理中存在的突出性问题和普遍性问题，并对问题产生的原因进行深入剖析，最终提出加强管理、促进规范的建议和意见。

总而言之，高校科研经费专项审计调查的最终目标是在符合科研经费使用相关规定的基础之上，提高科研经费的使用效益，使其能更好地为科技创新服务。

（二）专项审计调查范围

本次专项审计调查的范围是高校 2016 年到 2020 年的年度科研经费管理和使用的情况，具体包括科研项目经费、自筹配套资金两方面。

高校科研经费管理和使用方面的问题由来已久。如果对高校所有科研经费的管理和使用情况进行专项审计调查就会面临两个问题：一是高校的审计资源满足不了需求，二是审计的质效无法保障。因此，专项审计调查的范围缩小到近几年，重点对科研项目经费、自筹配套资金等进行审计调查，以充分的数据资料，对科研经费的管理和使用提出具有可操作性的建议和措施。

（三）专项审计调查内容

在科研经费的专项审计调查中，其审计调查内容包括以下几个方面。

1.科研经费收支总体状况和增长情况

高校内部审计部门应首先掌握高校科研经费收支的总体情况，包括高校科研经费的主要来源、纵向和横向科研经费的构成、科研经费的增长情况、科研经费收入是否真实、是否全部纳入高校财务部门统一管理等基本内容。

除此之外，高校内部审计部门要充分应用计算机进行查询和汇总，对科研经费的支出进行分类统计，如项目管理经费、人员经费、设备材料购置经费等，更加高效地分析出科研经费支出结构的合理与否，发现科研经费管理和使用中存在的突出性问题和普遍性问题。

2.科研经费的转拨管理情况

对科研经费的管理来说，转拨管理至关重要，其关系着科研人员能否最终获得科研经费。高校内部审计部门应重点审计调查其转拨是否由高校科研部门和财务部门共同审批，是否提供科研项目合同、科研项目批复等必要资料，同时对科研项目负责人进行审计调查，确认该科研项目负责人是否将科研经费挪作他用，是否存在有直接经济利益关系的关联单位。

3.科研经费的使用情况

在科研项目中，按照不同的需求，科研项目负责人会对科研经费进行合理支配和使用，高校内部审计人员需要对科研经费的使用情况进行审计调查，主要包括以下内容。

①项目费用的提取。科研项目管理费用的提取比例应该严格按照相关规定执行，高校内部审计人员需要对项目经费的提取进行审计调查，审查其提取比例是否符合规定，计算是否正确，是否存在预提的情况等。

②支出范围和标准。内部审计人员应对科研经费的支出范围和标准进行审计，审查其是否存在将项目经费用于娱乐活动、福利劳保等生活消费开支。

③支出的合法性和真实性。内部审计人员应对项目经费支出的合法性进行审计调查，审查其项目经费支出是否存在吃回扣、虚列名单套取劳务费、逃避个人所得税等情况。

④提供相关票据的真实性、合法性和有效性。内部审计人员应对科研项目中提供的相关票据进行审计调查，审查其票据是否存在虚开发票套取科研经费等情况。

4. 科研项目结余经费的管理情况

高校内部审计人员需要重点关注科研项目结余经费的管理情况，尤其是结余经费长期挂账、结余经费开支不规范等情况，对这些普遍性的问题要予以揭露和分析，促进结余经费的管理和完善。

5. 高校配套资金的投入和使用情况

为了保证立项课题的顺利开展，取得科研成果并顺利结题，高校科研项目配套资金管理办法规定，各高校应按照科研项目的类型、等级给予一定比例的科研配套资金。

高校内部审计人员应对高校的配套资金进行审计和调查，重点关注配套资金是否实际用于科研、是否存在提供虚假配套承诺、不及时提供足额配套资金的情况等。

当然，除了上述内容，高校内部审计人员还应对科研经费购置的固定资产和无形资产的管理情况、科研经费的管理制度建设情况、科研经费使用绩效评价情况等进行审计和调查，以更加全面的发现科研经费管理和使用过程中存在的突出性问题，最终提出具有可操作性的建议，完善科研经费的管理和使用。

三、专项审计调查实施过程

在明确专项审计调查的目标、范围和内容之后，高校内部审计部门就可以实施专项审计调查工作了，其过程如图 6-5 所示。

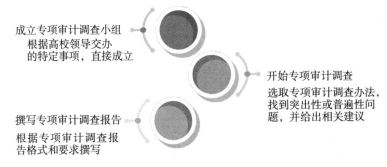

成立专项审计调查小组
根据高校领导交办的特定事项，直接成立

开始专项审计调查
选取专项审计调查办法，找到突出性或普遍性问题，并给出相关建议

撰写专项审计调查报告
根据专项审计调查报告格式和要求撰写

图 6-5　高校专项审计调查的过程

（一）成立专项审计调查小组

由于在专项审计调查中，无须征求被审计部门或单位的同意，因此内部审计部门可以针对高校领导交办的特定事情，直接成立相关的审计调查小组，在掌握必备的基本情况之后，然后开展调查活动。

（二）开始进行专项审计调查

专项审计调查小组需要对科研经费的管理和使用情况进行调查，包括管理问题、制度问题、政策问题等，全面系统掌握科研经费的具体情况，发现其中的突出性和普遍性问题，提出相关的建议和措施。

其中，高校内部审计小组可以针对不同事项，灵活选择不同的审计办法或调查方法，以获得全面真实的情况。

1. 科研经费专项审计调查的问题

高校内部审计部门通过对科研经费专项审计的调查，发现了科研经费管理中存在如下问题。

①横向科研项目存在造假情况，高校横向科研经费收支存在明显违规现象。

②横向科研劳务费和支出管理不严格，出现编造名单领取劳务费、虚假发票套取科研经费的情况。

③项目负责人借助科研项目，将科研经费转入和自身利益相关的公司。

④项目负责人借助科研项目，通过科研材料采购、签订合同等套取科研经费。

⑤科研经费购置的固定资产缺乏有效管理和控制，出现经费未入高校固定资产账的情况。

⑥结题项目未完成财务结算、结题不结项现象普遍。

总之，通过对科研经费的专项审计调查，高校内部审计部门发现上述突出性和普遍性的问题，并对这些问题的原因进行深入分析和研究，为完善高校科研经费管理提供明确的方向和思路。高校可以针对这些问题和缺陷，制定出具有针对性的制度和政策等，以维护高校财产安全和完整，提升高校管理水平和质量。

2.完善科研经费管理的审计建议

在对高校科研经费管理出现的问题进行分析之后，内部审计人员应当针对具体的问题和原因，提出有效的审计建议，其提出的审计建议如下。

①出台系统的科研经费管理政策，加强对科研经费的管理和使用，提高科研经费的使用效益。

②把控资金进出关，对科研项目普遍存在的虚假问题，要在内部控制方面建立相关的进出关标准，控制科研经费的额度和比例。

③建立健全科研经费管理的责任制度。

④加大对科研经费中违纪行为的查处力度。

（三）撰写专项审计调查报告

当完成专项审计调查工作之后，内部审计部门应当撰写审计调查报告，并向高校领导层提交。

目前，专项审计调查报告暂无标准的格式，但不应仅是简单套用审计报告的通用模板，其审计报告的文本形式和结构，内部审计人员应当根据调查项目、业务的不同进行灵活调整。在专项审计调查报告中，应包含以下基本内容。

①揭示被调查业务存在的主要矛盾和核心问题。

②对凸显的问题进行风险评估。

③对问题出现的原因进行分析，并做出客观公正的调查结论。

④提出切中要害且具有操作性的措施或建议。

但需要注意的是，无论进行怎样的调整，专项审计调查报告必须满足调查结果观点鲜明、简单扼要、条理清楚的要求。

四、专项审计调查成效

从本次审计调查情况来看，高校对纵向科研经费的管理和使用较为规范，但在横向科研经费管理中，仍旧面临较多的问题和风险。

历经几个月的现场调查，经过内部审计人员的审计和分析，最终审计部门向高校领导呈报《关于 XX 大学科研经费管理和使用情况的审计调查结果报告》。在该调查结果报告中，会综合反映专项审计调查发现的高校科研经费在管理体制、制度体制和内部控制等方面存在的系统性和普遍性问题，并对这些问题产生的原因进行深入分析，提出四条具有可操作性的建议和措施。除此之外，该审计调查结果报告以附件的形式，对科研经费的管理和使用现状和问题进行汇总，对完善科研经费管理和使用发挥了重要的作用，同时取得了以下成效。

1. 找到科研经费管理中的问题和缺陷

随着高校规模的快速扩大，高校科研经费数额也不断增大，高校在科研经费管理体制、机制建设方面的相对滞后，既不利于科研经费的有效管理，也无法保证科研经费使用的合理、合法、高效。

通过对科研经费的专项审计调查，高校可以快速发现和找到科研经费管理体系中存在的普遍性问题和缺陷，尤其是管理制度方面的问题，如内部控制意识淡薄、科研经费审批机制缺失、监督管理不到位等。因此，高校通过专项审计调查查漏补缺，根据相关的建议和措施，做到"以审促建"，为高校科研经费管理体系建设工作打下坚实的基础。

2. 科研经费管理逐步实现规范化

通过对科研经费的专项审计调查，高校各方面逐渐对科研经费的体系建设达成共识，这样得到高校相关职能部门的全力配合，对后续形成科研经费管理的规范化和制度化有莫大的益处。专项审计是高校科研经费管理不可或缺的部分。

在对科研经费管理进行专项审计调查的过程中，不仅可以发现高校在经营管理方面的漏洞和问题，而且可以更加规范、系统、全面地对高校的科研经费进行管理和控制，实行必要的审批手续和相关制度，把好科研经费支出关卡，逐步形成规范化和标准化的科研经费管理体系。

3. 维护高校资产安全和完整

高校科研经费是高校资产的重要组成部分，通过专项审计调查，高校可以有效预防违规违纪行为的发生，提升高校科研经费的使用效益，真正做到"将钱花到刀刃上"，维护高校资产安全和完整。

第四节　加强高校专项审计调查的建议

我国高校专项审计调查刚刚起步，在这方面进行的探索不多，存在诸多问题，如缺乏专项审计调查的计划性和前瞻性、审计调查办法单一陈旧等，为改善这些问题，高校可以采取以下措施和建议，以加强高校专项审计调查。

一、积极宣传专项审计调查的重要性

目前，在我国高校中，大多数教职员工甚至高校领导层对专项审计调查不清楚、不了解，没有足够的关注，专项审计发展较为缓慢。因此，积极宣传专项审计调查的重要性，可以采取以下措施。

首先，通过适当的方式向高校领导层宣传专项审计调查的特点、作用和价值，展现专项审计调查可以为高校决策提供依据的价值信息。同时，内部审计部门提供相关的事实和案例，体现专项审计调查在宏观层面的价值，推动高校领导层形成运用专项审计调查进行宏观决策的执政理念。

其次，高校内部审计部门应积极创造条件，围绕高校党委、组织委员的中心工作开展专项审计调查，化被动为主动，自觉担当起高校宏观决策的参谋和顾问的责任。例如，内部审计部门可以对合作办学项目进行专项审计调查，并针对合作办学这一重要事项进行调查，对该事项中存在的问题或出现苗头的问题进行深入剖析，分析出问题的成因并提出相关的审计建议，推动高校领导根据专项审计调查建议制定相关的程序和制度，确保合作办学的顺利进行。总之，专项审计调查的范围虽然广泛，但其调查结果具有重要的决策参考价值，其是针对特定事项进行的全面审计和调查，是审计部门直接服务高校发展的有效途径。

综上所述，高校应当采取一定措施（如讲座、校内宣传、电子屏宣传等），积极宣传专项审计调查的重要性，引起高校领导层和高校教职工的关注和重视，加深人们对高校专项审计调查的认识。

二、有效整合专项审计调查的资源

现阶段，我国大多数高校缺乏对专项审计调查的整体认知，在资源整合方面也有所不足。因此，高校应当优化整合专项审计调查的相关资源，保障审计调查的顺利进行。

（一）整合专项审计调查物力资源

正所谓物质基础决定上层建筑，如果缺乏必要的专项审计调查的物质基础，就无法开展专项审计调查。因此，高校有必要整合相关的物质资源，如硬件和软件设备。

首先，高校应完善内部审计部门的基础建设，配备必要的基础设施，保证内部审计人员可以顺利工作。

其次，聘请专业的审计调查专家，建立专家库。在专家的指导下确定专项审计调查的重点和关键环节，提高审计调查的针对性。例如，可以在专项审计调查的评价阶段，通过专家的帮助和引导，先对制度、理论和管理层面中的问题进行剖析，进而提出科学的建议和意见。

（二）整合专项审计调查人力资源

对专项审计调查来说，审计人员是主导者和实施者。因此，整合专项审计调查的人力资源包括两个方面。

首先，增加专项审计调查人员的数量。在专项审计调查中，其涉及的范围比较广泛，如果审计人数过少，无疑会影响工作的效率，导致审计调查结果滞后，不能及时为高校领导层提供决策参考。因此，高校需要对专项审计人员的数量进行一定调整，如适当增加专项审计调查小组的人数。

其次，提升专项审计调查人员的素质。在专项审计调查中，审计人员不仅应具备工程、财务方面的专业知识，还要具备发现和识别问题的能力，具备解决相关问题的能力。因此，改善专项审计调查人员的知识结构，对其展开培训，使其成为经济管理、文字综合、政务管理等方面的高素质人才是必然趋势。

三、积极创新专项审计调查的方法

在高校专项审计调查中，其调查审计方法存在单一陈旧的问题，由此高校内部审计人员应当针对这一问题，对专项审计调查的方法进行创新。

首先，由于专项审计调查具备审计和调查的双重属性，因此可以采取调查取证的方法，如普遍调查法、重点调查法、问卷调查法等，或者通过走访群众来了解被审计调查对象的具体情况。当然，除了这些调查使用的方法，也可以使用常规的审计方法，如分析性复核、监察计算等。总之，先通过这些方法发现有用的线索和证据，进而确立专项审计调查的重点和关键。

其次，在创新专项审计调查方法时，高校应当坚持宏观和微观相结合的原则，点面有机结合，并根据审计人员的专业判断，科学地运用现代统计的技术和方法，以抽样审查代替全面审查，提高审计工作效率，减少审计工作量。当然，在这其中还需要明确控制风险水平和可容忍误差，这样才能有效保证专项审计调查的质效。

最后，要善于利用计算机技术进行辅助审计。随着信息技术的不断发展和成熟，各种类型的软件层出不穷，软件功能也越来越全面和完善。因此，内部审计人员应积极利用这些计算机技术进行工作，节省大量的数据核对和比较等工作的时间，降低专项审计调查的风险，提高专项审计调查的质量。

四、积极探寻专项审计调查的途径

虽然专项审计调查和其他类型的审计有所不同，但实际上，专项审计调查和其他类型的审计关系十分紧密，如经济责任审计、绩效审计等。因此，内部审计人员可以探索专项审计调查的更多有效途径。

首先，将专项审计调查和日常审计结合起来。日常审计工作注重对审计问题量的积累，但有时"量变引起质变"，从日常审计工作中也可以发现高校中的重大问题和突出问题。因此，内部审计在安排审计工作的计划时，就可以结合专项审计调查工作。这样不仅可以克服日常审计工作带来的调查深度和广度不足的问题，还可以尽快发现调查的重点，提升专项审计调查的质量。

其次，可以将专项审计调查和经济责任审计结合起来。经济责任审计，需要对高校领导在经济活动中的表现进行评价，即需要对高校经济活动进行审计和调查，其有利于抓住普遍性、典型性和规律性的问题。因此，经济责任审计可以和专项审计调查结合起来，深入分析问题产生的原因、导致的危害以及解决的办法，最后为高校领导做出宏观决策提供参考依据。

当然，内部审计人员还可以将专项审计调查和绩效审计结合起来，以提高两种审计工作的效率和质量。总之，高校内部审计人员应当积极探索专项审计调查的有效途径，促进高校专项审计调查的发展。

五、建立健全专项审计调查的体系

目前，高校在专项审计调查的理论和制度方面上尚有所不足，但一些审计机关已经开展相关的专项审计调查实践，即实践走在了制度规范的前面。因此，高校有必要建立规范的专项审计调查体系。

首先，高校内部审计机构在开展专项审计调查的实践工作时，应当注重总结实践经验和教训，逐步健全专项审计调查的规范制度，进而为专项审计调查提供有效的方案和思路，为建立健全高层次专项审计调查通用制度体系奠定基础。

其次，高校应逐步使用制度化规范化的方式管理专项审计调查，无论是专项审计调查的年初计划管理，还是具体的组织实施，或是在实施过程中的质量控制、审计成果复核，都应逐步建立健全规范化的制度体系，推动高校专项审计调查走向科学化、制度化和规范化。

总之，在建立健全专项审计调查的道路上，高校可以说是任重而道远，还需要不断探索和完善。

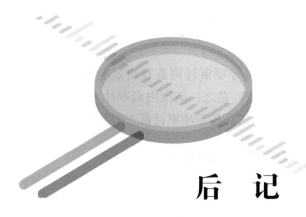

后 记

　　《高校内部审计应用研究》这本著作是 2022 年江苏省教育厅高校哲学社会科学研究项目《基于高质量发展理念下的高校内部控制高质量研究》的研究成果，也是作者多年来在高校财务管理、内部审计领域研究成果的总结和提炼。

　　在本著作撰写过程中我得到了很多学界前辈、领导、朋友和单位的大力支持和帮助。首先，要感谢江苏省教育厅、江苏省教育会计学会、江苏工程职业技术学院在调查研究和经费保障方面的大力支持！感谢乔春华先生为课题研究、专著撰写提供的了系统化的理论指导，感谢其为本书作序。乔春华先生系南京审计大学教授，是享受国务院政府特殊津贴的专家，曾任南京审计大学副校长，江苏省教育会计学会会长等职，致力于高校会计、高校财务、高校预算、高校审计、高校内部控制等研究，是国内著名的高校财务领域学者。先生不但在理论上有重大建树，而且对高校财务、高校审计的政策改革有过重大影响，在此特向乔春华先生表示衷心的感谢和深深的敬意！感谢江苏工程职业技术学院和兄弟院校财务、审计同行对本专著内容研究提出的宝贵建议！感谢电子科技大学出版社的大力支持，使我多年的研究成果能够以专著的形式得以出版！

　　在本书的撰写过程中，我参考并引用了学者们大量的文献资料，感谢许多素未谋面的专家学者通过他们的著述文献给予研究的理论支撑，尽管已经尽力表明学者们的相关研究文献，但难免有个别观点或片段的论述系作者平时工作和阅读学习时随手记录或启发而成，其出处已无法

有效追溯查证，在此仅向有关专家学者表示深深的谢意，并恳请原谅。

实践永无止境，理论创新也就无止境。只有根据发展着的实践进行理论创新，并应用理论创新的成果指导新的实践，才能不断推进改革向纵深发展。随着我国现代高等教育体系建设步伐的不断加快，我国高等教育体制机制创新的实践也在不断进行深化。本书关于高校内部审计应用研究的论述，还存在诸多不足，甚至错误，敬请学术界前辈和同仁不吝赐教和指正！

作　者

2022 年 3 月 6 日

参考文献

[1] 乔春华. 院校理财学 [M]. 北京：中国财政经济出版，1998.

[2] 乔春华. 院校会计学 [M]. 北京：中国财政经济出版，1998.

[3] 乔春华. 大学校长理财研究 [M]. 南京：东南大学出版社，2018.

[4] 乔春华. 高等教育供给侧改革的财务视角 [M]. 南京：东南大学出版社，2017.

[5] 乔春华. 高校管理审计研究 [M]. 南京：东南大学出版社，2016.

[6] 乔春华. 高校管理会计研究 [M]. 南京：东南大学出版社，2015.

[7] 乔春华. 高校预算管理研究 [M]. 苏州：苏州大学出版社，2013.

[8] 乔春华. 新时代高校财务理论研究 [M]. 南京：东南大学出版社，2020.

[9] 乔春华. 新中国高校财务 70 年 [M]. 南京：东南大学出版社，2019.

[10] 乔春华. 高校内部控制研究 [M]. 苏州：苏州大学出版社，2014.

[11] 乔春华. 高校财务治理研究 [M]. 南京：东南大学出版社，2021.

[12] 乔春华. 新中国高校财务领域壮丽 70 年的基本经验与主要启示 [J]. 教育财会研究，2019，30（5）：3-12.

[13] 乔春华. 高校学费的供给侧改革——高校财务领域供给侧改革之二 [J]. 会计之友，2018（7）：120-125.

[14] 乔春华. 高校财政拨款的供给侧改革——高校财务领域供给侧改革之一 [J]. 会计之友，2018（5）：111-116.

[15] 乔春华. 高校财务领域改革开放 40 年的辉煌成就与经验 [J]. 教育财会研究，2018，29（5）：3-11.

[16] 乔春华.高校财务领域供给侧改革的理论思考[J].教育财会研究，2017，28（1）：3-9.

[17] 乔春华.高校财务领域供给侧改革理论逻辑与提升路径——基于财务制度供给视角[J].济南大学学报（社会科学版），2017，27（4）：116-125.

[18] 乔春华.改革开放以来高校审计的辉煌成就与启示[J].会计之友，2018，18：106-112.

[19] 乔春华.论高校财务高质量发展[J].教育财会研究，2020，31（4）：59-63，74.

[20] 乔春华.再论高校财务高质量发展：高校财务领域去"内卷化"研究［J］.会计之友，2022（2）：152-156.

[21] 乔春华.新时代高校财务管理主要矛盾的探讨[J].教育财会研究，2018，29（2）：3-9，19.

[22] 乔春华.供给侧改革与高等教育发展[J].淮北师范大学学报（哲学社会科学版），2016（2）：113-117.

[23] 周亚君，刘礼明.高校财务管理案例剖析[M].南京：南京师范大学出版社，2016.

[24] 赵丽生，茹家团，李荣等.高职高专院校治理：内部控制[M].北京：经济科学出版社，2016.

[25] 李强.高校财务管理与发展新探[M].成都：电子科技大学出版社，2021.

[26] 李强.高校中层干部离任经济责任审计综合评价体系构建[J].中国内部审计，2014（7）：58-61.

[27] 李强.高校财务风险预警体系构建[J].财会通讯，2016（26）：123-125.

[28] 李强.高职院校经济责任审计风险与防范[J].边疆经济与文化，2014（11）：140-143.

[29] 李强.高职院校经济责任审计工作的难点及对策探讨[J].边疆经济与文化，2015（10）：127-129.

[30] 李强.高校基建工程、零星修缮项目内部审计的增值研究[J].商丘职业技术学院学报，2015（6）：55-57.

[31] 李强.基于价值增值视角的高校内审业务外包审计质量控制研究[J].商讯，2021（8）：143-145.

[32] 李强.基于财务控制理论的村集体经济组织财务控制体系构建研究 [J]. 农业经济，2014（11）：71–72.

[33] 李强.高职教育财政拨款制度变迁的若干思考 [J]. 南通纺织职业技术学院学报，2010（2）：78–80.

[34] 李强.高职院校实训基地建设资金筹措的方式及路径研究 [J]. 泰州职业技术学院学报，2010（8）：57–59.

[35] 李强.高职院校实训基地建设资金的风险分析与控制对策 [J]. 纺织教育，2011（6）：434–436.

[36] 李强.信息一体化背景下的高校财务管理模式 [J]. 江苏建筑职业技术学院学报，2016（4）：54–56.

[37] 李强.高职院校校外实训基地健康发展的探讨 [J]. 西北成人教育学报，2011（6）：16–18.

[38] 李强.高职院校科研经费管理存在的问题及其对策探讨 [J]. 江苏建筑职业技术学院学报，2013（6）：87–89.

[39] 李强.高职院校收费管理工作探讨 [J]. 商丘职业技术学院学报，2013（6）：97–98，101.

[40] 李强.创新财务管理手段，提高财务管理水平——无现金报账系统在南通纺织职业技术学院的实践与探索 [J]. 职业时空，2013（3）：30–32.

[41] 李强.论高职院校财务人员岗位轮换 [J]. 边疆经济与文化，2012（7）：95–96.

[42] 李强.O2O 模式在家居行业的应用研究 [J]. 开封教育学院学报，2017（7）：259–260.

[43] 李强.高职院校资助育人与思想政治教育研究 [J]. 产业与科技论坛，2018（18）：194–196.

[44] 李强.高职院校多渠道筹资及其必须注意的问题 [J] 无锡商业职业技术学院学报，2009（5）：71–77.

[45] 王进山.供给侧改革、高等教育与高校财务——评《高等教育供给侧改革的财务视角》[J]. 会计之友，2017（24）：101–102.

[46] 李莉.高校内部审计思考理论与实践研究 [M]. 长春：吉林大学出版社，2017.

[47] 蒋荣法 . 高校内部审计的创新与实践研究 [M]. 长春：吉林出版集团股份有限公司，2020.

[48] 王超，钟玉泉，朱波强 . 高校内部审计理论与实践创新研究 [M]. 长春：吉林大学出版社，2018.

[49] 吴晋生 . 高校内部审计理论与实践 [M]. 武汉：武汉大学出版社，2011.

[50] 冯建 . 高校内部审计理论研究与实务探索 [M]. 成都：西南财经大学出版社，2003.

[51] 欧兵 . 内部审计与高校治理 [M]. 成都：西南财经大学出版社，2020.

[52] 李友文 . 内部审计高校肌体的"免疫系统" [M]. 北京：中国社会科学出版社，2014.

[53] 国家审计署驻武汉特派办 . 高校财务管理与审计监督 [M]. 武汉：华中师范大学出版社，2006.

[54] 宋大龙 . 新形势下高校财务管理与审计监督 [M]. 长春：吉林人民出版社，2021.

[55] 李晓钟，薛明扬 . 高校财务资产管理与审计研究 [M]. 北京：中国时代经济出版社，2013.

[56] 张远康 . 新时期高校财务管理问题研究 [M]. 天津：天津科学技术出版社，2019.

[57] 陈雪玲，教育部中南教育管理干部培训中心，华中师范大学公共管理学院组 . 高校管理案例与启示 第 1 辑 [M]. 武汉：华中师范大学出版社，2017.

[58] 武金陵 . 高校经济责任审计研究 [M]. 重庆：重庆大学出版社，2013.

[59] 赵耿毅 . 高校领导干部经济责任审计指南 [M]. 北京：中国时代经济出版社，2011.

[60] 山东省教育厅财务处 . 山东高校领导干部经济责任审计事项早知道 [M]. 济南：山东画报出版社，2017.

[61] 童燕军 . 高校领导干部经济责任审计研究 [M]. 长春：吉林出版集团有限责任公司，2015.

[62] 冉洪涛 . 高校企业负责人经济责任审计评价指标体系构建 [M]. 徐州：中国矿业大学出版社，2009.

[63] 赵国新.现代经济责任审计理论与实务 [M].北京：中国时代经济出版社，2009.

[64] 最新高校审计工作流程与财务预算执行标准化规范及内部控制实务全书 1-4[M].北京：高等教育出版社，2018.

[65] 陈竹.高校内部控制分析与设计 [M].北京：兵器工业出版社，2005.

[66] 易艳红.高校内部控制与风险防范 [M].北京：国家行政学院出版社，2019.

[67] 浙江省内审协会.前进中的浙江内部审计 [M].北京：中国时代经济出版社，2004.

[68] 邵积荣.高校经济活动内部控制研究 [M].广州：羊城晚报出版社，2017.

[69] 赵丽生.高职高专院校治理：内部控制 [M].北京：经济科学出版社，2016.

[70] 查道林.高校内部控制风险点梳理和基本制度框架参考 [M].武汉：中国地质大学出版社，2017.

[71] 教育部经费监管事务中心.教育部直属高校内部控制风险点梳理和制度指南 [M].武汉：中国地质大学出版社，2017.

[72] 谢卫虹.高校二级单位内部控制指南 [M].西安：西安电子科技大学出版社，2020.

[73] 刘罡.高校财务内部控制实务 [M].北京：中国农业大学出版社，2018.

[74] 洪涛，戴永秀，王希.高校财务内部控制建设与风险防控体系研究 [M].北京：中国财富出版社，2019.

[75] 方芸.高校财务风险预警与防范策略研究基于内部控制视角 [M].北京：知识产权出版社，2017.

[76] 沈烈，谭芳碧.高校内部控制转型与创新研究 [M].北京：中国财政经济出版社，2020.

[77] 郝麟.高校内部控制理论与实践 [M].西安：西安交通大学出版社，2018.

[78] 张庆龙.高校内部控制建设实施操作指南 [M].北京：经济科学出版社，2018.

[79] 高二华.高校绩效审计研究 [M].徐州：中国矿业大学出版社，2008.

[80] 金蓓莉.高校内部审计部门绩效评价指标体系构建 [M].上海：华东师范大学出版社，2015.

[81] 赵保卿. 基于平衡计分卡的高校预算资金绩效审计考评指标体系研究 [M].
北京：中国工商出版社，2008.

[82] 李长山. 现阶段我国高校财务管理的若干问题研究 [M]. 北京：北京理工大
学出版社，2017.

[83] 复旦大学审计处. 高等学校内部审计知识系列丛书 审计结果性文书选例读
本 [M]. 上海：复旦大学出版社，2019.

[84] 复旦大学审计处. 经济责任审计知识读本 [M]. 上海：复旦大学出版社，
2018.

[85] 支海坤. 高等学校财务预算执行和决算审计指南 [M]. 南京：东南大学出版
社，2006.

[86] 卓继民. 现代企业风险管理审计 [M]. 北京：中国财政经济出版社，2005.

[87] 陈力生，朱亚兵，高前善. 审计风险管理研究 [M]. 上海：立信会计出版社，
2005.

[88] 皮克特·K.H.斯宾塞，皮克特·M.詹尼弗. 经理人审计终极风险管理工具 [M].
李秀莲，曾嵘，译. 北京：中国时代经济出版社，2007.

[89] 皮克特. 风险管理过程审计 [M]. 沈阳：东北财经大学出版社，2010.

[90] 李晓慧. 风险管理框架下审计理论与流程研究 [M]. 沈阳：东北财经大学出
版社，2009.

[91] 周宇，蒋葵. 高校绩效审计评价指标体系构建研究 [J]. 区域治理，2020（32）：
230-231.

[92] 程诗涵，金飞. 高校绩效审计体系建设探讨 [J]. 财政监督，2021（18）：
70-73.

[93] 洪涛，戴永秀，王希. 高校财务内部控制建设与风险防控体系研究 [M]. 北
京：中国财富出版社，2019.

[94] 刘瑷. 新时代下大数据、云计算对内部控制审计的影响 [J]. 福建质量管理，
2019（23）：44.

[95] 金玲. 云计算发展对企业内部控制的影响分析 [J]. 经营管理者，2017（28）：
280.

[96] 康乔，四川大学锦城学院. 云计算对内部控制及审计的影响与应对策略 [J].
数码世界，2019（9）：88.

[97] 陈茹.高校财务内部控制制度的构建分析 [J].经济技术协作信息， 2020（2）：60.

[98] 杨琦.浅析高校财务内部控制 [J].纳税，2019（33）：68-69.

[99] 陈健美.新财务和会计制度背景下高校成本管理探究 [J].财会通讯，2019（17）：79-82.

[100] 高卫东.浅谈高校管理会计应用及财务成本控制的措施 [J].速读（中旬），2018（4）：253.

[101] 林芳婷.高校财务内部控制 [J].环球市场信息导报，2017（17）：31.

[102] 丁克岗.基于"互联网 +"的高校财务内部控制研究 [J].当代会计，2017（12）：48-49.

[103] 万乐.浅谈高校财务内部控制问题及改进措施 [J].现代经济信息， 2019（4）：266.

[104] 陈健美.基于高校财务成本管理问题研究 [J].现代经济信息，2018（19）：196，198.

[105] 姚雪源.高校财务成本管理问题研究 [J].财会学习，2017（6）：49，51.

[106] 张秋.高校财务成本管理存在的问题及对策 [J].安顺学院学报，2011（3）：110-111，114.

[107] 陈巧玲.浅析权变理论在高校管理中的运用 [J].齐齐哈尔大学学报（哲学社会科学版），2004（4），127-130.

[108] 林叶.高校预算管理会计应用研究 [D].成都：西南财经大学，2009.

[109] 赵传仁.我国公立高校预算管理研究 [D].西安：西北大学，2010.

[110] 赵传仁.高校预算管理制度问题探析 [J].西部财会，2013（6）：4-8.

[111] 戴锋.关于多校区高校的预算管理 [J].重庆教育学院学报，2010（6）：87-89.

[112] 蒋妹，罗文奇.多校区预算管理研究 [J].财会研究，2009（13）：51-52.

[113] 杜育红.关于高等学校预算管理的几点思考 [J].会计之友，2008（4）：6-8.

[114] 杜育红.关于高等学校预算管理的几点思考 [J].教育财会研究，2009（2）：20-23，40.

[115] 林志新，郭振滨.五方面准确把握固定资产具体准则 [N].中国会计报，2018-04-13（6）.

[116] 于丽荣. 高校不可识别无形资产管理研究 [D]. 保定：河北大学，2009.

[117] 陈琦. 高校资产资源配置绩效的评价指标体系研究——基于学科建设的视角 [D]. 广州：华南理工大学，2014.

[118] 李娜. 高校固定资产管理绩效评价指标体系研究 [D]. 哈尔滨：哈尔滨师范大学，2016.

[119] 于燕燕. 高校无形资产管理绩效评价研究 [D]. 西安：西安建筑科技大学，2015.

[120] 谢鲁晨. 新政府会计制度下 X 高校固定资产管理研究 [D]. 西安：西安理工大学，2020.

[121] 吕静. 基于模糊综合评价的高校后勤固定资产管理绩效评价研究 [J]. 数码世界，2017（8）：73-74.

[122] 高澜. 新形势下高等教育成本考量及管理体系构建 [J]. 预算管理与会计，2010（8）：42-44.

[123] 闫燕. 作业成本法在高职院校教育成本核算中的应用 [D]. 西安：西安建筑科技大学，2008.

[124] 中华人民共和国财政部. 关于印发《项目支出绩效评价管理办法》的通知（财预〔2020〕10 号）[S/OL].（2020-02-25）[2020-03-20]. https://yss.mof.gov.cn/zhuantilanmu/ysjxgl/202003/t20200302_3476430.htm.

[125] 林超然. A 事业单位预算的内部控制管理研究 [D]. 广州：广东工业大学，2020.

[126] 周旋. 基于平衡计分卡的 S 省环保项目财政支出绩效评价研究 [D]. 天津：河北工业大学，2017.

[127] 汤坤. 政府预算绩效管理改革研究 [D]. 蚌埠：安徽财经大学硕，2013.

[128] 杨玥. 财政补贴绩效评价研究——以 C 城市公交财政补贴专项资金为例 [D]. 上海：华东理工大学，2019.

[129] 李瑞青. 河南高校财务绩效评价研究 [D]. 开封：河南大学，2014.

[130] 张楠. 企业内部控制的研究 [D]. 大连：东北财经大学，2003.

[131] 朱翠兰. 企业内部控制的现状及对策研究 [D]. 长沙：湖南农业大学，2005.

[132] 吴寿元. 企业内部控制审计研究 [D]. 北京：财政部财政科学研究所，2012.

[133] 贾晨彬 . 基于 ERM 的煤炭企业内部控制研究 [J]. 煤炭经济研究, 2010
（12）：48-51.

[134] 刘茹 . 独立董事制度与内部控制关系探讨 [J]. 中国管理信息化.2011（1）：
7-8.

[135] 于慧峰 . 完善我国公司治理结构的论述 [J]. 企业导报, 2012（14）：72-
73.

[136] 方婷 . 我国高校财务内部控制问题研究 [D]. 武汉：江汉大学, 2017.

[137] 龚茂全 . 基于杠杆理论的公司财务风险控制研究 [D]. 长沙：湖南大学,
2007.

[138] 廖云 . 企业财务风险度量与控制问题研究 [D]. 长沙：湖南大学, 2005.

[139] 周宇飞 . 税务筹划风险与风险税务筹划 [D]. 天津：天津财经大学, 2006.

[140] 刘晓南 . 我国上市公司年度报告风险信息披露研究 [D]. 沈阳：沈阳工业
大学, 2007.

[141] 储飞飞 . 基于现金流量的企业财务风险评价研究 [D]. 南京：南京航空航
天大学, 2010.

[142] 罗玫卉, 王宁 . 风险界定与度量研究评析 [J]. 财会通讯, 2009（20）：
146-147.

[143] 徐春立 . 论财务管理学中若干概念的曲解与纠正 [J]. 当代财经, 2007（5）：
102-107.

[144] 王蕊 . 高校财务风险预警研究及实证分析 [D]. 西安：西安建筑科技大学,
2013.

[145] 吕毅 . 节约型高校的财务研究 [D]. 镇江：江苏科技大学, 2012.

[146] 郭甲男 . 高校专项债券发行探究及对策建议 [J]. 财务学习, 2019（12）：
221-222.

[147] 中华人民共和国国务院办公厅 . 国务院办公厅关于改革完善中央财政科
研经费管理的若干意见（国发办〔2021〕32 号）[EB/OL].（2021-08-13）.
http://www.gov.cn/zhengce/content/2021-08/13/content.5631102.html.

[148] 中华人民共和国财政部 . 国务院办公厅关于改革完善中央财政科
研经费管理的若干意见问答 [EB/OL].（2021-09-01）.http://gov.cn/
zhengce/2021-09/01/content-5634633.html.